Roland GÉRARD

PRIÈRES SECRÈTES
DU GUÉRISSEUR

*« Prières, magnétisme, plantes, discussions,
là est notre champ d'action,
Dieu fait le reste »*

Tome II

Du même auteur :

Prières secrètes du guérisseur Tome I

Prières secrètes du guérisseur Tome II

Prières secrètes du guérisseur Tome III
Protection Divine

Prières secrètes du guérisseur Tome IV
Les Saints Guérisseurs

Prières secrètes du guérisseur Tome V
Amour et Protections

*

Les passes secrètes des magnétiseurs

ISBN : 9781099201677
© Roland Gérard
Auto-édition – 56330 Pluvigner – France
Dépôt légal : Mai 2019

SOMMAIRE

SOMMAIRE
par Saint

Le guérisseur travaille toujours en complément d'un avis médical.

En aucun cas l'utilisation de ces pratiques ne se substitue à la consultation d'un médecin ou à la prise de médicaments.

Préface

Dans le monde occidental, les guérisseurs sont perçus comme les, héritiers des pratiques ancestrales, l'héritage d'un âge perdu et flou. Aujourd'hui, il prennent le nom de magnétiseur, radiesthésiste, rebouteux, exorciste...

Agissant généralement de manière non conventionnelle, ils se font connaître par le bouche à oreilles. Mais pour acquérir une notoriété, ils sont soumis aux résultats. A la différence d'un spécialiste, le moyen ne suffit pas.

Sans le soutien de médicaments, voire même sans réelle connaissance médicale, comment soulager des personnes qui souffrent de diverses pathologies, parfois depuis des années ?

Il est communément admis qu'ils possèdent un don, une capacité de guérison qui prend source dans l'amour de son prochain. Mais d'où vient ce don ? Est-ce l'attribution d'une catégorie de personnes, ou tout le monde peut-il en être dépositaire ? S'il est une compétence générale, comment le faire ressortir et apprendre à s'en servir ? Don ou compétence qui se nourrit de l'amour, cela ne peut provenir que de Dieu.

Pour apprendre à utiliser ce don, il existe des formules, des prières utilisées sous le sceau du secret depuis des siècles par de véritables guérisseurs, initiés à ces rituels.

Ce livre est le deuxième tome d'un recueil non exhaustif de prières et de rituels dédiés à différents maux.

Ces prières s'adressent à Dieu où à ses Saints. Elles peuvent être dites à voix haute ou à voix basse. Elles ont traversées les siècles jusqu'à nous dans cette forme, et sont toujours dites ainsi de nos jours.

Cela peut paraître à la portée de tous, mais demande en réalité une expérience affirmée de l'humain, dans sa connaissance et sa pratique. Et se relier à sa Foi, à sa croyance en l'amour que l'on peut donner pour aider son prochain, reste l'acte principal dans la guérison. Exercez la force de la Foi, Dieu fera le reste.

Prières générales et universelles

De nombreuses demandes sont à clore par un Pater (Notre Père), ou/et par un Avé (Je vous salue Marie). Les voici :

Notre Père (Noster Pater)

Notre Père, qui est aux Cieux,
Que ton Nom soit sanctifié,
Que ton Règne vienne,
Que ta volonté soit faite sur la terre
Comme au ciel,
Donne-nous aujourd'hui notre pain quotidien,
Et pardonnes-nous nos offenses comme nous pardonnons
à ceux qui nous ont offensés,
Mais ne nous laisse pas succomber à la tentation, et
délivres-nous du mal,
Amen.

Je vous salue Marie (Ave Maria)

Je vous salue, Marie, pleine de grâces,
Le Seigneur est avec Vous,
Vous êtes bénie entre toutes les femmes,
Et Jésus le fruit de Vos entrailles est béni ;
Sainte Marie, Mère de Dieu,
Priez pour nous, pauvres pêcheurs,
Maintenant et à l'heure de notre mort,
Amen.

Prière aux Anges

Prière adressée aux Anges pour obtenir toute guérison ou toute autre demande.

Cette prière est à réciter de préférence le soir de la nouvelle lune et pendant neuf jours consécutifs. C'est ce que l'on appelle une Neuvaine.

«Chers Anges, vous êtes mes Divins protecteurs. Aujourd'hui je mets en vous toute mon espérance pour que (expliquez votre demande).

Merci de transmettre cette prière à Dieu afin qu'il puisse l'exaucer. Vous qui lisez dans le cœur des hommes, vous savez combien c'est très important à mes yeux.

Amen.»

Voici une formule d'ordre général pour demander et obtenir la guérison. C'est une prière basée sur l'exorcisme du mal. Les croix sont à effectuer à l'endroit de la douleur ou de l'organe malade.

Faire trois signes de croix

«Mal, qui que tu sois, d'où que tu viennes, quelque soit ta nature et ton principe, je t'ordonne au Nom de Jésus, à qui tout obéit au ciel, sur la terre et jusqu'aux enfers, de quitter (Prénom et nom de la personne), *qui est une créature de Dieu. Je te l'ordonne, au Nom du Père* (signe de croix), *et du fils* (signe de croix), *et du Saint-Esprit* (signe de croix). *Ainsi soit-il !»*

Répéter l'incantation trois fois avec vigueur et conviction et conclure par trois signes de croix.

Prière à Jésus-Christ
(pour toute maladie)

Faire trois signes de croix

Guérisons au pays de Gennésaret…

«Ayant achevé la traversée, ils touchèrent la terre à Gennésaret. Les gens de l'endroit, l'ayant reconnu, mandèrent la nouvelle à tout le voisinage, et on lui présenta tous les malades : on le priait de les laisser simplement toucher la frange de son manteau, et tous ceux qui touchèrent furent sauvés. » (Évangile selon Saint Matthieu).

Jésus enseigne et guérit…

« *Il parcourait toute la Galilée, enseignant dans leurs synagogues, proclamant la Bonne Nouvelle du Royaume et guérissant toute maladie et toute langueur parmi le peuple. Sa renommée gagna toute la Syrie, et on lui présenta tous les malades atteints de divers maux et tourments, des démoniaques, des lunatiques, des paralytiques, et il les guérit.* » (Évangile selon Saint Matthieu).

Jésus, toi qui est si souvent invoqué pour obtenir la guérison de toute sorte de maladie, je t'implore aujourd'hui de me faire cette grâce, merci de guérir ... (Prénom et nom de la personne) *de ...* (dire le nom de la maladie).

Faire trois signes de croix

Reçois en offrande cinq Notre Père (dire cinq Pater).

Prière à Sainte Thérèse
(pour toute maladie)

La prière suivante est à réciter pendant 9 jours (neuvaine) ou pendant 24 jours. Il se peut que pendant la neuvaine ou les vingt quatre jours de prière, vous ayez l'occasion de voir une rose par hasard, ce sera alors le signe que votre prière est entendue et sera exaucée.

Faire trois signes de croix

«O petite Thérèse de l'enfant Jésus, je te demande de cueillir pour moi une rose dans les jardins célestes et de me l'envoyer en guise de message de l'Amour de Dieu.

O petite fleur de Jésus, demande aujourd'hui à Dieu de m'accorder la faveur que je remets maintenant avec confiance entre tes mains. Sainte Thérèse, aide-moi à toujours croire, comme toi, en l'Amour que Dieu éprouve pour moi pour que je puisse suivre ta « petite voie » tous les jours.

Amen.»

Faire trois signes de croix

Prière d'invocation générale
pour la guérison de toute maladie

Faire trois signes de croix

«*Dieu d'Amour, cher Jésus, chère Marie, chère Sainte Thérèse, cher Padré Pio, chers Archanges et chers Anges, je vous invoque à mon aide.*

Merci de porter attention à cette prière qui vient du plus profond de mon cœur ; je vous demande de guérir promptement ... (Prénom et Nom de la personne) *de* ... (dire le nom de la maladie) *et de tous ce qui l'empêche de vivre pleinement sa vie de chrétien et d'être heureux (se) dans sa vie d'homme* (ou de femme). *Je vous implore comme vous nous l'avez indiqué dans les Saints Évangile, au Nom † du Père, † et du fils, † et du Saint-Esprit.*

Amen.»

Faire trois signes de croix

Prière d'ordre général pour la guérison
de toutes les maladies désespérée

Faire trois signes de croix

« *Saint Roch, Sainte Rita, Saint Expédit, Saint Pérégrin, Saint Prix, je vous invoque à présent pour venir à mon aide. Mains chaleureuses, mains généreuses, mains d'amour, mains de lumières, faites que le mal qui afflige* (Prénom et Nom de la personne) *sorte de son corps guérissez-la. Par la lumière du Christ et dans l'Amour de Dieu.*
Amen.»

Faire trois signes de croix

"Mon Seigneur et mon Dieu,
Si cela est conforme à Ta Volonté et à ta Justice,
Si cela est bénéfique à Ta créature et à son évolution,
Si cela ne porte pas dommage à qui Tu ne voudrais pas,
Alors reçois ma prière et assiste moi !

ABCÈS

<u>Définition</u> :

Un abcès est une accumulation locale de pus après nécrose dans une cavité néoformée. Un abcès superficiel peut présenter des symptômes comme rougeur, douleur et chaleur : c'est alors un abcès chaud. Plus rarement, il se forme lentement sans réaction inflammatoire, c'est alors un abcès froid.

<u>Saint Cloud</u> :

Saint Cloud (né vers 522 - mort le 7 septembre 560), petit-fils de Clovis et de sainte Clotilde, était le fils du roi Clodomir. Les malades atteints de clous ou d'abcès douloureux se recommandent à Saint Cloud pour obtenir leur guérison.

A la mort de son père alors qu'il n'est encore qu'un enfant, il trouve refuge dans un couvent pour échapper à ses oncles qui convoitaient son héritage.

L'enfant grandit et préféra la tonsure à la couronne. Il vécut humble, compatissant, généreux. Après s'être retiré dans la solitude, il vit arriver à lui une foule de jeunes disciples et, comprenant qu'il s'agissait du désir de Dieu, accepta de guider le couvent, donnant à ses moines les plus beaux exemples de patience, d'amour et de charité.

<u>Prière :</u>

Faire un signe de croix au dessus de l'abcès à traiter et dire :

« *Saint Cloud, je t'invoque à présent pour venir à mon aide. Mains chaleureuses, mains généreuses, mains d'amour, mains de lumières, fais que le mal qui afflige* (Prénom et Nom de la personne) *sorte de son corps guéris-la. Par la lumière du Christ et dans l'Amour de Dieu.*

Cher Saint Cloud, je te demande d'intervenir afin que cet abcès guérisse rapidement, merci.

Abcès, par la lumière de Dieu, je t'ordonne de mûrir, d'éclater, de sécher puis de guérir, afin que (Prénom et Nom de la personne) *ne souffre plus. Qu'il en soit ainsi.*»

Poursuivre la demande par trois *«Pater»* et trois *«Avé»*

Faire trois signes de croix

ALLERGIE

Définition :

Modification des réactions d'un organisme à un agent pathogène lorsque cet organisme a été l'objet d'une atteinte antérieure par le même agent.

Saint Firmin

Saint Firmin est né à Pompaelo (l'actuelle Pampelune) en Hispanie au IIIe siècle. Il a d'abord été formé par Honorat de Toulouse lorsque celui-ci était à Pampelune, à la demande de saint Saturnin. Puis Firmin aurait été baptisé par saint Saturnin, à Toulouse. Saint Saturnin était le premier évêque de Toulouse. Firmin fut ordonné prêtre à Toulouse et retourna provisoirement à Pampelune. À la mort de son mentor, il partit évangéliser la Gaule. Il partit pour Agen puis la Guyenne en compagnie d'un prêtre du nom d'Eustache. En Auvergne, il convertit Arcade et Romule, il partit ensuite pour Angers où il rencontra l'évêque Auxilius. Puis il alla à Beauvais où il subit la répression du préfet Valère. Enfin, il atteignit Amiens où il reçut l'hospitalité du sénateur Faustinien qu'il convertit au christianisme. Il prêcha aussi en Normandie, cependant, son zèle inquiéta les autorités romaines. Le succès de ses prédications, qui incitèrent 3 000 personnes en trois jours à se convertir, lui valut d'être emprisonné dans le cachot de l'amphithéâtre transformé en forteresse, sur ordre du gouverneur

Sebastianus qui le fit décapiter le 25 septembre 303. Il est mort martyr à Amiens.

Il est invoqué contre l'épilepsie, la lèpre, l'insomnie, les hémorroïdes, le scorbut, l'anémie, les crampes, les rhumatismes et l'érésipèle.

Prière :

Faire trois signes de croix

« *Saint Firmin, je t'invoque à présent pour venir à mon aide. Mains chaleureuses, mains généreuses, mains d'amour, mains de lumières, fais que le mal qui afflige* (Prénom et Nom de la personne) *sorte de son corps guéris-la. Par la lumière du Christ et dans l'Amour de Dieu.*

Saint Firmin, je te remercie de la guérison que tu peux apporter à (Prénom et Nom de la personne).

Que son allergie à (décrire le type de l'allergie) *ne lui cause plus d'ennuis. Par la lumière du Christ, qu'il en soit ainsi* »

Poursuivre la demande par trois *«Pater»* et trois *«Avé»*

Faire trois signes de croix

AMNÉSIE

Définition :

Perte totale ou partielle de la mémoire.

Saint Étienne

Saint Étienne est un prédicateur juif du Ier siècle considéré a posteriori comme le premier diacre et le premier martyr de la chrétienté. Étienne est un personnage des Actes des Apôtres, œuvre de Luc l'Évangéliste qui forme le cinquième livre du Nouveau Testament.

On le prie contre les "maladies de la pierre" c'est à dire les calculs

Prière :

Faire trois signes de croix

« *Saint Étienne, je t'invoque à présent pour venir à mon aide. Mains chaleureuses, mains généreuses, mains d'amour, mains de lumières, fais que le mal qui afflige* (Prénom et Nom de la personne) *sorte de son corps guéris-la. Par la lumière du Christ et dans l'Amour de Dieu.*

Saint Étienne, s'il te plaît ravive la mémoire de (Prénom et Nom de la personne), *qu'elle (*ou il*) se souvienne de tout et que plus aucun moment de sa vie ne sombre dans l'oubli.*

Que tout s'éclaire maintenant, par la lumière du Christ, qu'il en soit ainsi.»

Poursuivre la demande par trois *«Pater»* et trois *«Avé»*

Faire trois signes de croix

ANGINE
(Maux de gorge)

Définition :

L'angine et la pharyngite sont des infections aiguës de l'oropharynx, causées par des bactéries ou des virus. L'angine se traduit habituellement par des maux de gorge et une fièvre. Fréquente, elle touche principalement l'enfant de plus de 2 ans et l'adulte de moins de 40 ans. La plupart du temps bénignes, les angines peuvent rarement évoluer défavorablement.

Saint Blaise

Blaise, qui avait étudié la philosophie dans sa jeunesse, était un médecin à Sébaste en Arménie, sa ville natale, et il exerçait son art avec une capacité extraordinaire, une grande bonne volonté et de la piété. Quand l'évêque de la ville mourut, l'acclamation de tout le peuple le désigna pour lui succéder. Sa sainteté se manifestait par une foule de miracles : de partout aux environs, les gens venaient à lui pour faire soigner leur âme et leur corps ; les animaux sauvages eux-mêmes venaient en troupeaux pour recevoir sa bénédiction. En 316, Agricola, gouverneur de Cappadoce et de Petite Arménie, arriva à Sébaste sur ordre de l'empereur Licinius pour mettre à mort les chrétiens et il fit arrêter l'évêque. Comme on le menait en prison, une mère mit à ses pieds son fils unique, qui était en train de mourir par étouffement d'une arête qu'il avait avalée, et l'enfant fut immédiatement guéri. Cependant le gouverneur, incapable de faire renoncer Blaise à sa foi, le fit battre, fit déchirer sa chair avec des peignes en fer et le fit décapiter.

Il est invoqué contre les piqûres de vipères, contre les maux de gorges, ou quand on s'étouffe en mangeant.

Prière 1 :

Faire trois signes de croix

« Saint Blaise, je t'invoque à présent pour venir à mon aide. Mains chaleureuses, mains généreuses, mains d'amour, mains de lumières, fais que le mal qui afflige (Prénom et Nom de la personne) *sorte de son corps guéris-la. Par la lumière du Christ et dans l'Amour de Dieu.*

- Mal de gorge, le bienheureux Saint Blaise te commande, au nom de Dieu, de monter ou de descendre.

(Prénom et Nom de la personne), *délie ta langue, afin que tu puisses glorifier Dieu* (faire le signe de croix)

Au nom du Père (faire le signe de croix), *et du Fils* (faire le signe de croix), *et du Saint-Esprit* (faire le signe de croix).

Ainsi soit-il.»

Prière 2 :

Préparer une tasse ou un bol de lait chaud au miel et au citron (adaptez les quantités selon votre goût).

La tenir dans la main gauche, faire trois signes de croix sur votre gorge et dire :

«Saint Blaise, je t'invoque à présent pour venir à mon aide. Saint Blaise, merci d'adoucir et de guérir rapidement ma gorge par la douceur de ce lait au miel et la force de ce citron.

Pour te remercier de ton aide et t'honorer, je t'offre trois pater. Ainsi soit-il.»

Réciter trois *«pater»* et boire le liquide entre chaque.

Faire trois signes de croix sur votre gorge.

Prière 3 :

Faire trois signes de croix sur la gorge du malade en disant :

« "Mon Seigneur et mon Dieu, Si cela est conforme à Ta Volonté et à ta Justice, Si cela est bénéfique à Ta créature et à son évolution, Si cela ne porte pas dommage à qui Tu ne voudrais pas, Alors reçois ma prière et assiste moi !

Angine blanche, Angine rouge, Angine vermeille, Angine jaune, Angine de toutes les angines, par la lumière de Dieu, je te conjure d'apaiser ta fureur et de sortir de la gorge de (Prénom et Nom de la personne)

Au nom du Père (faire le signe de croix), *et du Fils* (faire le signe de croix), *et du Saint-Esprit* (faire le signe de croix).

Ainsi soit-il.»

Poursuivre la demande par trois *«Pater»* et trois *«Avé»*

Faire trois signes de croix

ANGOISSE

Définition :

Malaise psychique et physique, né du sentiment de l'imminence d'un danger, caractérisé par une crainte diffuse pouvant aller jusqu'à la panique.

Saint Paul de Narbonne

Saint Paul de Narbonne, évêque de Narbonne, est invoqué contre la peur et toutes les suites physiques ou morales dont une grande frayeur peut être responsable.

Saint Paul de Narbonne évangélisa la région de Narbonne au IIIème siècle. Il en fut le premier évêque et aurait accompli 7 miracles.

Une légende raconte qu'il partit prêcher sur les rives de l'étang de Bages. Des pêcheurs se moquant de lui le menacèrent. Il ne trouva son salut que dans un bloc de marbre qu'il façonna en barque. Mise à l'eau, elle flotta miraculeusement mais ne bougea pas, Paul ignorant son maniement. Une grenouille sauta près de lui et conduisit la barque jusque l'autre rive.

Prière 1 :

Faire trois signes de croix

« *Saint Paul de Narbonne, je t'invoque à présent pour venir à mon aide. Mains chaleureuses, mains généreuses, mains d'amour, mains de lumières, fais que le mal qui afflige* (Prénom et Nom de la personne) *sorte de son corps guéris-la. Par la lumière du Christ et dans l'Amour de Dieu.*

Saint Paul de Narbonne, libère-moi promptement de mes crises (ou de cette crise) d'angoisse. Je vous remercie.

Au nom du Père (faire le signe de croix), *et du Fils* (faire le signe de croix), *et du Saint-Esprit* (faire le signe de croix).

Ainsi soit-il.»

Sainte Marie Barthélémie

Elle était originaire de Florence. Très jeune, elle eut la charge de la vie familiale en raison de la mauvaise santé de sa mère. A dix-sept ans, elle perdit cette mère aimée. Son père envisagea de la marier, mais elle résista et refusa l'arrangement, ce qui la traumatisa nerveusement. Dès ce moment, elle fut prise de maux de tête, de spasmes et, pendant près de quarante ans, elle fut soignée d'une manière aberrante, par des charlatans. Recouverte d'un emplâtre, elle souffrit au point qu'elle ajouta à son prénom de Marie, celui de saint Barthélémy qui fut écorché vif par ses bourreaux. Elle demanda à entrer dans le Tiers-Ordre de Saint Dominique. Ces douloureuses années furent vécues dans la patience et la paix.

Prière 2 (pour angoisse nocturne) :

Faire trois signes de croix

« Sainte Marie Barthélémie, je vous invoque à présent pour venir à mon aide. Mains chaleureuses, mains généreuses, mains d'amour, mains de lumières, faites que le mal qui afflige (Prénom et Nom de la personne) *sorte de son corps guéris-la. Par la lumière du Christ et dans l'Amour de Dieu.*

Sainte Marie Barthélémie, je vous en prie, effacez de mes nuits ces terribles crises de terreur qui me tourmentes.

Mes Anges, je vous demande aussi de veiller sur moi et de vous assurer que je me trouve en totale sécurité durant mon sommeil.

Je vous remercie tous du plus profond de mon cœur.

Au nom du Père (faire le signe de croix), *et du Fils* (faire le signe de croix), *et du Saint-Esprit* (faire le signe de croix).

Ainsi soit-il.»

Prière 3 : (Angoisse et anxiété)

« Par la grâce de ton Esprit Saint, fortifie-moi et donne ta paix à mon âme, libère-moi de toute anxiété, de toutes préoccupations et de tous soucis inutiles.

Aide-moi à désirer toujours ce qui t'est doux et agréable, afin que ta volonté soit ma volonté.

Accorde-moi d'être délivrée de tout désir impur et que, pour ton Amour, je reste cachée et inconnue dans ce monde, pour n'être connue que de toi.

Ne permets pas que j'attribue à ma personne le bien que tu accomplis en moi et à travers moi, mais au contraire, fais qu'en rendant tous les honneurs à ta Majesté, je ne me glorifie que dans mes infirmités, afin qu'en renonçant à toutes les vanités qui viennent de ce monde, je puisse aspirer à la vraie gloire qui vient de toi.

Amen »

ANIMAL
(Demande de guérison)

Faire trois signes de croix

«Chers Anges gardiens de (dire le nom de l'animal), *cher Saint François, cher Saint Pierre et cher Saint Jean, je vous prie pour tous les êtres qui ne parlent pas, pour tous les êtres qui souffrent en silence, merci d'unir votre amour et votre pouvoir de guérison pour que cet animal* (dire le nom de l'animal) *guérisse rapidement. Vous connaissez l'Amour qu'il me porte, vous connaissez l'Amour que j'ai pour lui. Chassez aujourd'hui le mal qui a envahit* (dire le nom de l'animal). *Merci de votre lumière et de l'aide qui vous lui apporterez dans cette épreuve. Ainsi soit-il»*

Faire trois signes de croix

APHTE

Définition :

Petite ulcération douloureuse d'une taille de 2 à 10 mm, elle présente un fond jaunâtre ou grisâtre bien rond, à bords nets, entouré d'une inflammation rouge vif. Elle occasionne une sensation de brûlure et apparaît généralement sur la langue, le plancher buccal, les gencives, le palais ou encore l'intérieur des joues.

Saint Yves

Yves Hélory est né au milieu du XIIIe siècle, probablement le 17 octobre 1253, dans une famille noble au manoir de Kermartin sur la paroisse de Minihy-Tréguier. En 1257, Jean de Kerhos (Kergoz ou Kerc'hoz), clerc de la paroisse de Pleubian, précepteur de l'enfant, l'accompagne à Paris où le jeune homme est envoyé pour suivre des études universitaires. Déjà, il se fait remarquer par sa vie de privation en faveur des pauvres. Ses études achevées trois ans plus tard, il revient travailler en Bretagne à Rennes, où il devient conseiller juridique du diocèse. L'évêque de Tréguier, Alain de Bruc, remarque ses talents et le presse de revenir à Tréguier. En 1284, il le nomme official, l'ordonne prêtre puis le nomme recteur de la paroisse de Trédrez et en 1292 et de celle de Louannec, proches des terres de son enfance. En 1293, Yves fait construire un refuge pour les indigents. Les gens l'apprécient pour sa façon de rendre la justice, il est réputé pour son sens de l'équité qui lui interdit de privilégier le riche sur le pauvre. Après une vie d'ascèse, de prière et de partage, mangeant très peu et vivant très pauvrement en distribuant ce qu'il a, Yves Hélory s'éteint le 19 mai 1303.

Il est prié pour la protection des faibles, pour la protection des orphelins, pour calmer les douleurs, pour guérir les aphtes et pour toutes les questions de justices.

<u>Prière</u> :

Faire trois signes de croix

« Saint Yves, je vous invoque à présent pour venir à mon aide. Mains chaleureuses, mains généreuses, mains d'amour, mains de lumières, faites que le mal qui afflige (Prénom et Nom de la personne) *sorte de son corps guérissez-la. Par la lumière du Christ et dans l'Amour de Dieu.*

Saint Yves, je vous remercie de venir guérir les aphtes (ou l'aphte) de (Prénom et Nom de la personne)*, qu'ils ne le (ou la) fassent plus souffrir et qu'ils disparaissent pour de bon. Amen. »*

Poursuivre la demande par trois *«Pater»* et trois *«Avé»*

Faire trois signes de croix

ARTHRITE - ARTHROSE

Définition :

L'arthrose et l'arthrite sont deux maladies de la famille des rhumatismes. Mais il ne faut pas les confondre : l'arthrite est une inflammation des articulations, alors que l'arthrose est une maladie dite "mécanique".

Saint Thibault

Saint-Thibaut est né vers 1033 à Provins (France - Département Seine et Marne) d'une famille noble apparentée aux Comtes de Champagne. Très jeune, Thibaut est attiré par la vie d'ermite. Accompagné de son ami fidèle le chevalier Gauthier, il quitta sa famille et se dirigea vers Reims, puis vers l'Allemagne. Là, ils échangèrent leurs riches habits contre ceux de pauvres pèlerins. A pieds nus, ils marchèrent jusqu'à Pittange, dans le grand duché du Luxembourg.

Ils passèrent d'abord quelques temps dans une extrême pauvreté, vivant d'aumônes. Mais, pour se mettre à l'abri des critiques, ils résolurent de pourvoir eux-mêmes à leurs besoins, se mettant tantôt au service des maçons, des paysans et plus souvent des charbonniers de la forêt de Chiny. A pieds nus, ils firent le pèlerinage de St. Jacques de Compostelle, revinrent à Trêves puis reprirent le chemin de Rome.

De Rome, ils se rendirent à Venise dans le but de s'embarquer pour visiter la Terre Sainte.

En attendant l'embarquement, ils firent une randonnée jusqu'à Salanigo, près de Vicence. C'est là qu'ils découvrirent une chapelle en ruines et y construisirent un ermitage ainsi qu'une chapelle dédiée à St. Hermagore.

Thibaut reçut de Monseigneur Widigier, Evêque de Vicence, les ordres sacrés jusqu'à la prêtrise inclusivement.

Voilà donc nos pèlerins installés en ermites. Dès ce moment, ce fut une vie de privations et de pénitences. Gauthier mourut, après deux ans passés dans cette retraite. Thibaut, lui survécut encore 7 ans et ce malgré ses nombreuses infirmités dues à ses privations et pénitences.

Saint Caprais

Caprais aurait vécu en ermite à l'époque de la persécution des chrétiens lancée le 24 février 303 par l'empereur romain Dioclétien. Envoyé par Maximien, Dacien massacra les chrétiens d'Agennum dès le 6 octobre. Caprais s'était réfugié sur le coteau de l'Ermitage qui surplombe la cité. Il fut touché par le courage de la jeune Foy, brûlé sur un lit d'airain et décapitée, à l'âge de douze ans, après avoir comparu devant le tribunal du proconsul.

Saint Marc

Marc est un Juif du 1er siècle, mentionné dans les Actes des Apôtres et différentes épîtres où il est désigné comme «

Jean surnommé Marc » ou « Jean-Marc » et présenté comme proche des apôtres Pierre et Paul.

<u>Prière :</u>

Faire trois signes de croix

« Saint Thibault, Saint Caprais, Saint Marc de Trèves, je vous invoque à présent pour venir à mon aide. Mains chaleureuses, mains généreuses, mains d'amour, mains de lumières, faites que le mal qui afflige (Prénom et Nom de la personne) *sorte de son corps guérissez-la. Par la lumière du Christ et dans l'Amour de Dieu.*

Cher Saint Thibault, cher Saint Caprais, cher Saint Marc de Trèves ; je vous demande de soulager (Prénom et Nom de la personne) *qui souffre terriblement de ses articulations. Merci de lui retirer ce mal et de faire en sorte qu'il ou elle ne souffre plus, et qu'il (ou elle) se sente parfaitement bien dans son corps, dans son cœur et dans son âme. Amen.*

Poursuivre la demande par trois *«Pater»* et trois *«Avé»*

Faire trois signes de croix

ASTHME

<u>Définition</u> :

L'asthme est une maladie caractérisée par une inflammation plus ou moins importante des voies respiratoires, au niveau des bronches et des petites bronches, les bronchioles. Elle se traduit par une difficulté à respirer, un essoufflement, une respiration sifflante ou une sensation d'oppression dans la poitrine.

<u>Saint Ernier</u>

Saint Ernier est invoqué pour obtenir la guérison de l'asthme. Saint Ernier, envoyé par Saint Innocent, alors évêque du Mans s'était établi à Ceaucé dans l'Orne. Où Il fondait un ermitage au cœur des solitudes boisées du Passais.

Saint Ernier, ou Ernée, ermite du 4ème siècle, attirait les foules par sa piété et sa charité. Il ne refusait aucune des assistantes spirituelles qu'on lui demandait et il opéra de nombreux miracles par ses prières et par ses larmes.

<u>Prière</u> :

Faire trois signes de croix

« *Saint Ernier, je vous invoque à présent pour venir à mon aide. Mains chaleureuses, mains généreuses, mains d'amour, mains de lumières, faites que le mal qui afflige* (Prénom et Nom de la personne) *sorte de son corps guérissez-la. Par la lumière du Christ et dans l'Amour de Dieu.*

Saint Ernier, priez pour (Prénom et Nom de la personne) *et de son asthme guérissez le. Que grâce à votre intercession, le souffle de la vie l'envahisse et qu'il ne le quitte plus. Amen.*»

Poursuivre la demande par trois «*Pater*» et trois «*Avé*»

Faire trois signes de croix

BLESSURES
(Plaies)

Définition :

Une blessure est une lésion physique faite involontairement.

Prière :

Dire trois fois sur la plaie les paroles suivantes :

«Comme s'est fermée la plaie de Notre-Seigneur Jésus-Christ sur l'arbre de la Croix.
Plaies, soyez fermées
(Faire le signe de croix sur la plaie) *Le Christ est né.*
(Faire le signe de croix sur la plaie) *Le Christ est mort.*
(Faire le signe de croix sur la plaie) *Le Christ est ressuscité.*
C'est Dieu lui-même qui commande :
Plaies, soyez fermées ;
Douleurs cuisantes, soit passée ;
Mauvais sang soit arrêté ;
Et qu'elles n'entrent en matière ni senteur.
Comme on fait les cinq plaies de Notre Seigneur.
Au nom du Père (faire le signe de croix), *et du Fils* (faire le signe de croix), *et du Saint-Esprit* (faire le signe de croix).
Ainsi soit-il.»

BRÛLURES

<u>Définition</u> :

La brûlure est une destruction partielle ou totale concernant la peau.

La gravité de la brûlure dépend de plusieurs paramètres : sa localisation, sa topographie (une brûlure circulaire sera toujours grave), sa profondeur (le degré de brûlure), l'étendue de la surface endommagée (en pourcentage de la surface corporelle totale) et l'agent causal en question.

Une brûlure peut être causée :

- par le contact avec une source chaude (solide, liquide, ou gazeuse) ;
- par le contact avec une substance dite caustique ;
- par frottement ;
- par l'effet de la combustion (action d'une flamme) ;
- par l'effet d'un rayonnement (le coup de soleil)
- par l'effet d'un courant électrique (électrisation) ;
- par le froid (gelure).

<u>Prière 1</u> :

Par trois fois, du bout de l'index mouillé de salive, tracer autour de la brûlure un cercle qu'on barre ensuite d'une croix en disant :

« Feu, je te retire cette chaleur
Comme Judas s'est retiré du Jardin des Oliviers après
avoir trahi Jésus-Christ.
Feu, perds ta chaleur
Comme la Sainte Vierge a perdu sa couleur
En enfantant le Sauveur.
Puis souffler trois fois sur l'endroit brûlé.»

Poursuivre la demande par trois *«Pater»* et trois *«Avé»*

Prière 2 :

« Feu change de couleur
Comme a fait Judas quand il a trahi
Notre divin Sauveur
Lorsqu'il fut attaché à la croix
Ô mon Dieu ! mettez-y votre Sainte Main avant la
mienne.»

Poursuivre la demande par trois *«Pater»* et trois *«Avé»*

Prière 3 :

« O Feu, ne va pas plus loin,
Pain n'aie plus faim,
Eau n'aie plus soif,

O mon Dieu ! mettez-y votre Sainte Main avant la mienne. »

Poursuivre la demande par trois *«Pater»* et trois *«Avé»*

CALCULS

Définition :

Les calculs rénaux, communément appelés « pierres aux reins », sont des cristaux durs qui se forment dans les reins et peuvent entraîner de vives douleurs. Dans près de 90 % des cas, les calculs urinaires se forment à l'intérieur d'un rein.

Saint Benoît

Benoît de Nursie (né vers 480 à Nursie en Italie), plus connu sous le nom de Saint Benoît est le fondateur de l'ordre bénédictin. Il est considéré comme le patriarche des moines d'Occident. La Règle de Saint Benoît rythme encore aujourd'hui la vie de nombreux moines et moniales dans le monde.

Il est invoqué contre les empoisonnements, les inflammations, les coliques néphrétiques, les calculs rénaux, les éruptions bulleuses appelées "les vessies de Saint Benoît", "le mal Saint Benoît" appelé "rinfle" ou "rifle" affection cutanée des bébés et contre l'impétigo.

Il est aussi invoqué contre le diable et les tentations et se mettre sous la protection de Saint Benoît est utile dans les cas d'obsessions et de troubles obsessionnels.

<u>Prière</u> :

Faire les croix au niveau du rein malade en disant :

(Signe de croix) *O grand Saint Benoît,*
(Signe de croix) *Que l'on n'invoque jamais en vain,*
(Signe de croix) *Par tes vertus et sainteté,*
(Signe de croix) *Des reins, Pierres grosses et dures,*
(Signe de croix) *Sont toutes brisées, hors et rejetées,*
(Signe de croix) *Et gravelle pareillement*
Au nom du Père (faire le signe de croix), *et du Fils* (faire le signe de croix), *et du Saint-Esprit* (faire le signe de croix).
Ainsi soit-il.»

CANCER

<u>Définition</u> :

Tumeur maligne causée par une multiplication anarchique de cellules.

Saint Gilles

Né à Athènes, ce saint moine serait venu vivre en ermite dans l'embouchure du Rhône en Languedoc au VIIe siècle.

Au cours d'une partie de chasse, poursuivie par la meute royale, une biche vient logiquement se réfugier auprès de ce compagnon solitaire. Le noble Wamba découvre Saint Gilles blessé par la flèche d'un des chasseurs. Ému, il lui offre la vallée flavienne pour y bâtir un monastère. Devenu abbé, Saint Gilles conseille les plus grands, pape et rois. Une légende indique qu'un grand personnage mérovingien, le maire du palais Charles Martel lui avait demandé l'absolution pour un très grand péché (inceste). Alors que Saint Gilles célébrait la messe, un ange plaça sur l'autel un parchemin où était consignée la faute. Au fur et à mesure du déroulement de l'office, les traces écrites du péché s'effacèrent du parchemin ! Cette légende est liée à la fondation de l'abbaye de Saint Gilles, lieu de pèlerinage important sur la route de Saint-Jacques-de-Compostelle. La vie de ce moine associé à l'érection du monastère à Saint-Gilles-du-Gard ne relève nullement de la connaissance historique. Il mourut vers l'an 720.

Il est invoqué pour réduire et guérir les "boitements", pour amener le nourrisson à oser ses premiers pas.

Il est aussi couramment invoqué pour la peur, les frayeurs nocturnes, les convulsions, pour les dépressions et les maladies nerveuses ou pour résoudre des cas désespérés

Saint Gaud

Saint Gaud est né dans une riche famille d'Évreux vers l'an 400. Touché par les profanations perpétrées par les habitants après la mort de saint Taurin, il entreprit de restaurer la religion chrétienne dans sa région. Aussitôt, il prêcha l'Évangile et construisit des églises. Il aurait été évêque d'Évreux pendant 40 ans avant de se retirer en 480 pour finir sa vie dans la forêt de Scissy où il mourut aux environs de l'an 491.

On invoque Saint Gaud pour guérir les maladies nerveuses des enfants, les maux psychiques et les dépressions.

Saint Pérégrin

Pérégrin Laziosi est né à Forli vers 1265. Dans sa jeunesse, il milite chez les Gibelins, ce qui le conduit à s'opposer à Philippe Benizi, alors Prieur général de l'Ordre des Servites de Marie, ensuite il se convertit et, vers trente ans, à la demande de ses supérieurs il est ordonné prêtre.

Vers 60 ans, il est miraculeusement guéri de la gangrène à la jambe droite, la veille du jour où il va être amputé. Cette nuit-là, veille de l'opération, Pérégrin se traîne devant le crucifix de la salle du chapitre pour y prier. S'étant endormi de lassitude, il voit Jésus descendre de la croix et lui guérir la jambe. Le matin, le médecin qui vient pour procéder à l'amputation, ne trouve plus trace ni de plaie ni de cicatrice. Stupéfait, il répand dans toute la ville la nouvelle de cette guérison miraculeuse, ce qui accroît encore la vénération dont on entoure le frère. Motif pour lequel aujourd'hui il est connu partout dans le monde comme le protecteur des malades du cancer.

Il meurt au couvent de Forli, le 1er mai 1345. Son corps repose dans une châsse, revêtu d'une bure et d'une étole en la basilique qui porte son nom à Forli.

Il est invoqué contre le cancer, les maladies de longue durée, le sida, les maladies graves (contagieuses ou vénériennes), les tumeurs ou les ulcères.

Sainte Rita

Margherita, fille unique d'Antonio Manchini et d'Amata Ferri, naquit à Roccaporena, hameau de Cascia, dans le diocèse de Spolète, en Ombrie. Selon la légende, un essaim d'abeilles blanches aurait tournoyé autour du bébé endormi dans le berceau le lendemain du baptême. Elles lui posaient du miel dans la bouche, sans lui faire le moindre mal. Dès l'âge de 16 ans, elle avait pensé à la vie religieuse, mais ses parents en avaient décidé autrement. Ils avaient arrangé son mariage avec un jeune homme riche et noble du pays, Paul Mancini. Bien qu'elle les eût suppliés de la laisser entrer au couvent, elle dut l'épouser en 1399 et fut la mère de jumeaux, Jacques-Antoine et Paul-Marie. Paul était prompt à s'emporter et, bien qu'apparemment il se fût adouci depuis la naissance de ses enfants, il s'était fait des ennemis dans la région. Une nuit, en 1412, il fut assassiné. Rita continua de se consacrer à ses enfants, mais il lui devint évident qu'ils étaient décidés à venger la mort de leur père. Elle tenta de les en dissuader et de leur faire comprendre que ce serait un meurtre. Elle pria pour qu'ils renoncent à leurs desseins. Ses deux fils moururent de causes naturelles, emportés par une épidémie de peste. En 1420, se retrouvant seule, Rita voulut entrer chez les religieuses augustines au monastère Sainte-Marie-Madeleine de Cascia. Elle fut éconduite, car les constitutions de l'ordre interdisaient d'accueillir les veuves. De plus la famille de son mari et celle de son assassin ne s'étaient pas réconciliées. Le monastère avait peur de représailles. Mais elle insista, et finalement fut admise à une condition : elle devait réconcilier sa famille et les meurtriers de son mari. Elle poursuivit ce but, ce qui s'avéra difficile. Quand les deux clans s'accordèrent mutuellement le pardon devant l'évêque de Cascia (elle avait alors 36 ans), elle fut autorisée à entrer au monastère où elle resta jusqu'à sa mort en 1457. Religieuse, Rita essaya de vivre jusqu'au bout les exigences de son état : vie de prière, obéissance, pauvreté et pénitence. À la suite d'un sermon sur la passion de saint Jacques de la Marche, elle demanda à Dieu de la faire participer, dans sa chair, aux souffrances du Christ. Elle aurait été exaucée et une épine de la couronne du Christ devant lequel elle priait se serait détachée pour venir se fixer sur son front. C'est pourquoi on la représente avec une plaie incurable au front. Stigmatisée par cette marque, elle supporta l'épreuve qu'elle avait demandée. Elle fut au service des plus pauvres de Cascia, qui bénéficièrent de la qualité de sa charité. Elle se rendit à Rome en 1450 pour le jubilé ou l'« année d'or » que le pape avait décidé afin de remercier Dieu d'avoir libéré le pays de toutes les guerres. À

69 ans, elle parcourt avec quelques sœurs les 180 kilomètres qui les séparaient du centre de la chrétienté. Sur son lit de mort, Rita demande à sa cousine d'aller lui cueillir une rose. Bien qu'en plein hiver, la parente trouve la rose ; cet épisode est à l'origine des nombreuses représentations de la sainte répandant des roses, symbole des grâces qu'elle obtient pour ceux et celles qui font confiance en son intercession. Elle meurt le 22 mai 1457, à l'âge de 76 ans.

On l'invoque pour les maladies incurables, elle est l'avocate des causes impossibles et désespérées.

Prière :

Formule à réciter avant le lever du soleil pendant trois jours consécutifs. Tournez autour du malade dans le sens des aiguilles d'une montre, puis récitez trois fois de suite la prière suivante en signant le mal d'un signe de croix avec l'index de la main droite :

« *Dieu, Saint Gilles, Saint Béat, Saint Gaud, Saint Pérégrin Laziosi, Sainte Rita, Saint Gérard, je vous invoque pour guérir* (Prénom et Nom de la personne) *de son cancer.* (faire le signe de croix) *Mal, qui que tu sois, d'où que tu viennes, quelque soit ta nature et ton principe, je t'ordonne au Nom de Jésus, à qui tout obéit au ciel, sur la terre et jusqu'aux enfers, de quitter* (Prénom et Nom de la personne), *qui est une créature de Dieu. Mauvais mal que tu es, qui a autant de racines sur terre qu'au ciel nous avons d'amis, que Dieu te déracine promptement* (faire le signe de croix).

Au nom du Père (faire le signe de croix), *et du Fils* (faire le signe de croix), *et du Saint-Esprit* (faire le signe de croix). *Ainsi soit-il.»*

Poursuivre la demande par trois *«Pater»* et trois *«Avé»*

CIRCULATION SANGUINE

Définition :

La circulation sanguine a pour but d'amener de l'oxygène et des nutriments à toutes les cellules de l'organisme.

Saint Roch

Saint Roch naquit à Montpellier, entre 1348 et 1350, en pleine guerre de Cent Ans, pendant la grande peste noire, qui dura deux ans, et décima un tiers de la population occidentale. C'est l'époque des grandes famines et des ravages perpétrés par les grandes compagnies. Orphelin à 17 ans, riche et instruit, il décida de partir pour Rome. Il distribua sa fortune aux pauvres, rejoignit le troisième ordre franciscain, revêtit l'habit de pèlerin, reçut la bénédiction de l'évêque de Maguelone et prit la route. Il arriva à Acquapendente, à quelques jours de marche de Rome, en juillet 1367. Il y resta trois mois, car la peste y sévissait. Il mit en pratique l'enseignement médical qu'il avait reçu, en l'associant à des signes de croix et une invocation sur les souffrants, et obtint de nombreuses guérisons. Son charisme auprès des malades se révéla sans doute à ce moment-là. Au mois de juillet 1371, atteint par la peste, Roch se rendit péniblement jusqu'à un bois, à l'orée du bourg fortifié de Sarmato, pour y mourir. A cet endroit, une source jaillit et un chien lui apporta chaque jour un pain. On rapporte qu'un ange secourut Roch. Il recouvra la santé et retourna à

Plaisance, auprès des pestiférés, faisant preuve d'un courage et d'une humanité remarquable.

Il est prié pour se prémunir ou soigner les malades du foie, contre les rhumatismes, et les problèmes aux genoux. Il intercède aussi pour aider à maigrir.

Prière :

Commencer la demande par un «*Pater*» et un «*Avé*»

Puis, passer la main sur la partie dont la circulation se fait mal et/ou sur l'ensemble du corps en récitant l'incantation suivante :

«Sant Peyré, Sant Roch,
Fazèts qué lou sanc circulo pertout
Et s'arresté pas inloc.»

Poursuivre la demande par trois «*Pater*» et trois «*Avé*» en prononçant la même incantation entre chaque.

CŒUR
(Maladie du)

Définition :

Terme générique désignant toute maladie cardiaque quelle qu'elle soit et quelle que soit sa cause.

Prière :

Faire trois signes de croix

Saint Piat, Saint Foy, Saint Stanislas Kotska, Sainte Ursule, Saint Jean de Dieu, refuges assurés des malades du cœur, je vous invoque à présent pour venir en aide à (Prénom et Nom de la personne). *Mains chaleureuses, mains généreuses, mains d'amour, mains de lumières, faites que le mal qui l'afflige sorte de son corps guérissez-le (la). priez pour lui (elle), préservez-le (la), et de ses maux du cœur et guérissez-le (la).*

Au nom du Père (faire le signe de croix sur le cœur), *et du Fils* (faire le signe de croix sur le cœur), *et du Saint-Esprit* (faire le signe de croix sur le cœur).

Ainsi soit-il.»

Poursuivre la demande par trois *«Pater»* et trois *«Avé»*

Faire trois signes de croix

COLIQUES

Définition :

Dans la langue courante, le terme « colique » est souvent employé comme synonyme de «diarrhée», pour la simple raison que cette maladie se caractérise par des douleurs intestinales couplées à l'évacuation de selles liquides.

Prière :

Mettre le majeur de la main droite sur la douleur et dire :

« Saint Evremond, Saint Liboire et Saint Benoît je vous invoque afin que vous veniez en aide à (Prénom et Nom du malade) *qui souffre de coliques néphrétiques. Mains chaleureuses, mains généreuses, mains d'amour, mains de lumières, faites que le mal qui l'afflige sorte de son corps guérissez-le (la). Priez pour lui (elle), préservez-le (la), et de ses maux. Merci d'intervenir auprès de cette personne afin de la soulager rapidement. Par la lumière du Christ* (faire le signe de croix) *qu'il en soit ainsi.»*

Poursuivre la demande par trois *«Pater»* et trois *«Avé»*

CONVULSIONS

<u>Définition</u> :

Mouvement incontrôlable des muscles qui se raccourcissent et se gonflent violemment et de façon plus ou moins durable.

<u>Prière</u> :

Entrer à reculons dans la chambre du malade accompagné de sa mère. Lui demander de déshabillé l'enfant, et faire trois signes de croix sur ses articulations et sur son ventre. Après quoi réciter la formule :

« Catère, mauvaise catère, convulsions, toutes sortes de convulsions, je te conjure et je t'excommunie de la part du Bon Dieu, Notre Seigneur Jésus Christ et de sa mère Marie, Sainte parmi les Saintes, avec le plus profond de tous les Saints.

Tu n'auras pas plus de pouvoir sur cet enfant que les Juifs n'en ont eu sur l'Enfant Jésus au Jardin des Olives.

Seigneur Jésus faites que le mal qui afflige (Prénom et Nom de la personne) *sorte de son corps, guérissez-la. Par la lumière du Christ et dans l'Amour de Dieu.*
Amen.»

Faire trois signes de croix

Faire porter à l'enfant un vêtement de son père.

COUPS

<u>Définition</u> :

Choc produit par un corps qui en heurte un autre.

<u>Prière</u> :

Faire trois signes de croix sur le mal en disant :

> *«Sous la main de la Sainte Vierge*
> *que reste ni sang ni tâche,*
> *Que ne reste ni plaie* (signe de croix)
> *Ni sang* (signe de croix)
> *Ni tâche* (signe de croix)
> *Ni coup* (signe de croix).
> *Consommatum resurrexit Christus* (signe de croix).
> *un coup mâché, repandier.*
> *Le père, le Fils et le Saint-Esprit,*
> *Tirez le coup. Amen»*

Finir par un signe de croix.

COUPURES

Définition :

Incision accidentelle faite dans la chair par quelque chose de coupant.

Prière 1:

Souffler trois fois sur la coupure, et dire :

«Au nom du Père (signe de la croix)*, du Fils (*signe de la croix) *et du Saint-Esprit* (signe de la croix)*, C'est rien que ça, C'est rien que ça.»*

Souffler à nouveau, et répéter cette opération trois fois de suite.

Prière 2:

Faire le signe de la croix au dessus de la plaie et dire :

« Plaie ferme-toi, comme s'est fermée la plaie de Notre Seigneur Jésus-Christ sur l'arbre de la croix.»

Prière 3:

Imposer la main au dessus de la coupure et dire à voix basse :

« Douce veine Retiens ton sang comme Jésus-Christ Notre Seigneur a retenu le sien sur la croix» (faire un signe de croix).

Poursuivre la demande par cinq *«Pater»* et cinq *«Avé»*

CRAMPES

<u>Définition</u> :

Forte contraction involontaire, spasmodique, douloureuse et paralysante de certains muscles ou groupes de muscles

<u>Saint Cadou</u>

Saint Cadou serait le fils de saint Gwynllyw roi de Glywysing et de sainte Gladys et le neveu de Pétroc de Bodmin, honoré à Lopérec (Finistère). Cadou refuse de prendre la tête de l'armée de son père, préférant combattre pour Jésus-Christ. Il est le fondateur de l'abbaye de Llancarfan et d'un monastère à Cambuslang en Écosse, puis il traverse la Manche pour venir dans le pays de Vannes. Il voyagea en Palestine, rencontre le pape pour ensuite devenir évêque de Bénévent en Italie où il serait mort vers 570.

<u>Prière</u> :

Faire trois signes de croix sur le mal en disant :

« Mon Dieu, qui permettez que l'on soit atteint dans notre chair, je Vous prie, par les mérites de Vos saints et l'intercession spéciale de Saint Cadou, de m'accordez, s'il le peut, la guérison de (Prénom et Nom de la personne) !

Je Vous implore avec amour et confiance, faites que (Prénom et Nom de la personne) *ressente les effets de Votre assistance salutaire !*

Par notre Seigneur Jésus le Christ ; qu'il en soit ainsi !

Saint Cadou, délivrez (Prénom et Nom de la personne) *des crampes dont il (elle) souffre, je vous en prie avec confiance, soulagez le (la), guérissez le (la), s'il plaît à Dieu ! Je vous le demande : au Nom du Père Créateur* (faire le signe de croix), *au Nom du Christ* (faire le signe de croix), *au Nom de l'Esprit Saint* (faire le signe de croix), *au Nom de la Divine Mère* (faire le signe de croix),

Qu'il en soit ainsi !»

DARTRES

Définition :

Les dartres sont des lésions cutanées fréquentes, notamment en hiver et chez l'enfant. Les dartres prédominent sur les convexités du corps et du visage (joues, faces d'extension des cuisses et des bras, zones de frottements du tronc, épaules, convexités de l'abdomen, etc...). Elles se manifestent sous la forme de plaques de quelques centimètres, généralement rondes ou ovales.

Prière 1 :

« Bonjour endartre, Comment te portes-tu endartre ?
Je te panse à la rosée du soleil levant.
Dartre je te jure, Dartre je t'adjure, Dartre je te conjure
Comme Notre Seigneur est tombé par trois fois ;
De trois à deux, De deux à une, De une à rien, Dartre disparaît Dieu te l'ordonne !»
(faire le signe de croix)

Prière 2 :

Avec l'index de la main droite, faire le tour du mal dans le sens des aiguilles d'une montre, puis dire :

«Artres, brian, briantos, briantous, Baïten qué Diou bo té coumando.»

DENTS
(Maux de)

Sainte Apolline

Vierge et martyre à Alexandrie en Égypte lors d'un moment où l'empereur Dèce, sans organiser une véritable persécution, laissait les païens donner la chasse aux chrétiens et les tuer comme ils voulaient, sans qu'ils soient punis pour ces meurtres. Elle fut prise par les païens au cours d'une émeute. Elle n'était plus jeune, et c'est pourquoi ils s'amusèrent à l'édenter. Ils lui brisèrent une à une toutes les dents puis la menacèrent de la jeter vivante dans le bûcher qu'ils venaient d'allumer si elle ne reniait pas sa foi.

Brûlée par le feu de l'amour du Christ, elle s'excusa auprès d'eux de ne pouvoir le renier, puis elle s'élança d'elle-même dans les flammes.

Elle est priée pour la guérison des maux de dents, plus spécialement lors de la pousse des dents du nourrisson et pour soigner les maux de tête.

Prière 1 :

Placer la droite sur la bouche de la personne souffrante et dire :

« C'est Madame Sainte Apolline
Qui vient s'asseoir sur la colline ;

Notre-Seigneur passant par là
Dit : Ma fille, que fais-tu là ?
Je viens écouter la prière
De ceux qui souffrent sur la terre,
Car au ciel ne saurais durer.
Tant qu'ici bas j'entends pleurer.»

Finir par un signe de croix sur la bouche.

<u>Prière 2</u> :

Faire les croix sur la douleur et dire :

« Sainte Apolline, la Divine, Assise au pied d'un arbre, sur une pierre de marbre. Jésus notre Sauveur (signe de croix) *passant par là par bonheur lui dit : « Apolline, qui te chagrine ?*

- Je suis ici maître Divin Pour douleur et non par chagrin. J'y suis pour mon mal de dents (ou de tête, ou d'oreille).

- Apolline, tu as la foi (signe de croix).

Par ma grâce qui est sur toi, Si c'est un ver il mourra, Si c'est une goutte de sang elle cherra » (signe de croix)

Saint Vorles

Saint Vorles, né vers 530, mort en 591, est un prêtre ayant vécu en Bourgogne. Connu pour son don d'ubiquité.

Prière 3 :

Pour les douleurs dentaires des touts petits.

« Saint Vorles, je vous invoque à présent pour venir à mon aide. Mains chaleureuses, mains généreuses, mains d'amour, mains de lumières, faites que le mal qui afflige (Prénom et Nom du bébé) *sorte de son corps guérissez-la. Par la lumière du Christ et dans l'Amour de Dieu.*

Bienheureux Saint Vorles, qui avez miraculeusement délivré un enfant des flammes qui menaçaient sa vie, daignez veiller nuit et jour sur ceux qui vous invoquent et se mettent spécialement sous votre protection !

Saint Vorles, protégez spécialement ce tout petit enfant et priez pour lui, soulagez le, faites que ses dents sortent bien vite sans le faire souffrir de ce mal affreux, s'il plaît à Dieu ! Nous vous en prions au nom du Père (faire le signe de croix sur la bouche), *et du Fils* (faire le signe de croix sur la bouche), *et du Saint-Esprit* (faire le signe de croix sur la bouche).

Ainsi soit-il.»

DÉPENDANCES

Définition :

La dépendance désigne un état psychologique et/ou physique qui se manifeste par un besoin irrépressible et répété, jamais réellement assouvi. Celui-ci peut être lié à une consommation de produits (d'alcool, de tabac, de psychotropes) ou à un comportement (addiction au jeu, au sexe, à Internet...).

Prière :

Faire trois signes de croix

Saint Antonin, Saint Pourcain et Saint Naamace je vous invoque à présent pour venir en mon aide à (Prénom et Nom de la personne). *Mains chaleureuses, mains généreuses, mains d'amour, mains de lumières, faites que le mal qui afflige* (Prénom et Nom de la personne) *sorte de son corps guérissez-la. Par la lumière du Christ et dans l'Amour de Dieu.*

Saint Antonin, Saint Pourcain et Saint Naamace priez pour (Prénom et Nom de la personne), *secourez-le, délivrez-le de ce poison maudit, s'il plaît à Dieu, afin qu'il (ou elle) guérisse rapidement de sa dépendance. Amen.*

Poursuivre la demande par trois *«Pater»* et trois *«Avé»* et trois signes de croix.

DÉPRESSION

Définition :

La dépression est une maladie qui se caractérise notamment par une grande tristesse, un sentiment de désespoir (humeur dépressive), une perte de motivation et de facultés de décision, une diminution du sentiment de plaisir, des troubles alimentaires et du sommeil, des pensées morbides et l'impression de ne pas avoir de valeur en tant qu'individu.

Prière :

"Mon Seigneur et mon Dieu, si cela est conforme à Ta Volonté et à ta Justice, si cela est bénéfique à Ta créature et à son évolution, si cela ne porte pas dommage à qui Tu ne voudrais pas, alors reçois ma prière et assiste moi !

Saint Paul de Narbonne, Saint Mathurin, Saint Berchaire, je vous demande d'unir vos forces et de les diriger vers (Prénom et Nom de la personne) *afin de la guérir de sa dépression, de la délivrer de ses idées noires et de calmez ses angoisses. S'il vous plaît, aidez-la à se sentir heureuse et en pleine forme. Par la lumière du Christ et dans l'Amour de Dieu. Amen.»*

Poursuivre la demande par trois *«Pater»* et trois *«Avé»*

DEUIL

<u>Définition</u> :

Période de douleur, d'affliction, de profonde tristesse que l'on éprouve à la suite de la mort de quelqu'un.

<u>Prière</u> :

Faire trois signe de croix

« Par la lumière du Christ et dans l'Amour de Dieu, Archange Azraël, merci de me réconforter dans la situation de deuil difficile que je traverse. Aide-moi à guérir de mon douloureux chagrin. (Dire le Nom de l'être cher décédé) *a quitté son corps physique pour rejoindre Notre Seigneur Jésus Christ en son Paradis, je sais que je peux compter sur toi pour l'aider à bien partir ainsi que pour m'aider à passer ce cap difficile. Je ressens déjà ta chaleur et ton soutien se répandre en mon âme. Merci de ce réconfort au nom du Père* (faire le signe de croix), *et du Fils* (faire le signe de croix), *et du Saint-Esprit* (faire le signe de croix). *Amen»*

ECZÉMA

Définition :

L'eczéma est une affection cutanée dont les symptômes sont : une inflammation, une desquamation de la peau, des rougeurs et l'apparition de phlyctènes. L'eczéma peut être atopique, allergique ou professionnel. L'eczéma atopique est héréditaire et est lié au rhume des foins et à l'asthme. L'eczéma allergique est une réaction allergique à certains aliments par exemple. L'eczéma professionnel est provoqué par une exposition à des produits irritants lors de l'exercice d'une profession particulière.

Prière :

Faire les signes de croix sur le mal avec le pouce humecté de salive et dire :

« *Je te panse* (faire le signe de croix)
Que tu ne croisses
Que tu n'augmentes
Pas plus que la rosée sur le pré
Au lever du soleil (faire le signe de croix)»

Puis récitez cinq «*Pater*» et cinq «*Avé*» en tournant autour du malade dans le sens inverse des aiguilles d'une montre.

ÉNERGIE, FORCE et VITALITÉ

Définition :

L'énergie vitale est l'expression mesurable des forces de vie qui animent un individu. Il peut se définir comme une énergie commune à tout être vivant.

Prière :

Faire trois signes de croix

« *Par la lumière du Christ et dans l'Amour de Dieu, Saint Michael, toi qui est si fort et si puissant, je te demande de m'insuffler ta brillante énergie. S'il te plaît, fais que je trouve la force et le dynamisme nécessaire à ma mission de vie. Aide-moi à me sentir bien dans mon corps et dans ma tête chaque jour car cela est bénéfique à Ta créature et à son évolution. Je te remercie du fond du cœur au nom du Père* (faire le signe de croix), *et du Fils* (faire le signe de croix), *et du Saint-Esprit* (faire le signe de croix). *Amen»* .

ENFANT

Prière pour concevoir un enfant :

«Archange Gabriel, Vierge Marie, je vous implore de nous accorder la joie d'être parents.
Aidez-nous à concevoir un enfant que nous puissions chérir pour le reste de notre vie. Amen.»

Prière à répéter trois fois le soir au couché

Prière pour l'adoption d'un enfant :

«Vierge Marie, merci de nous guider et de faciliter nos démarches d'adoption, afin que nous accueillions rapidement un enfant dans cotre foyer. Amen.»

Prière à répéter trois fois le soir au couché

Sainte Catherine de Suède

Sa mère est sainte Brigitte de Suède et son père Ulf Gudmarson. Elle est la seconde fille et la quatrième de leurs huit enfants. Elle est élevée dans le couvent des Cisterciennes de Risaberg et ne souhaite pas quitter cette communauté religieuse mais dès l'âge de douze ou treize ans, son père l'accorde en mariage au chevalier Edgar von

Kyren, seigneur d'Eggerstnæs bien plus âgé qu'elle. Elle soigne avec dévouement son mari invalide dont elle n'a aucun enfant, ayant obtenu de lui qu'il préserve sa virginité2. Son père meurt en 1344.

En 1349, avec le consentement de son mari, elle rejoint sa mère à Rome où celle-ci s'est établie depuis son veuvage. C'est lors de ce voyage qu'elle apprend la mort d'Edgar. Elle décide alors de rester elle aussi à Rome jusqu'à la mort de sa mère, résistant à toutes les sollicitations des seigneurs locaux qui la demandent en mariage ou tentent de l'enlever selon plusieurs légendes.

Toutes deux visitent longuement les églises et les tombeaux des martyrs, et s'adonnent à de longs exercices de mortification. Elles vont aussi soigner les malades des hôpitaux, vivent dans la pauvreté et l'austérité et accomplissent des pèlerinages en Terre sainte.

Sa mère meurt en 1373. Catherine reprend le chemin de la Suède pour ensevelir la dépouille de sa mère au couvent de Vadstena dont elle devient l'abbesse.

Catherine repart à Rome en 1375, pour obtenir la reconnaissance papale de l'ordre de Sainte-Brigitte et la canonisation de sa mère. Elle meurt le 22 mars 1381.

Prière pour la grossesse :

« Daignez, ô mon Dieu, merci de me faire trouver en Sainte Catherine de Suède une puissante et charitable avocate auprès de Vous pour détourner de moi le malheur qui me menace !

Qu'elle me conduise, par sa protection saine et sauve à travers les dangers, afin de faire éclater la gloire de Votre Nom et pour que je puisse Vous bénir éternellement, ô mon Dieu !

Nous Vous en prions par Notre Seigneur Jésus le Christ ; qu'il en soit ainsi !

Sainte Catherine de Suède, dont la protection se fait grandement sentir aux futures mères qui vous invoquent, priez pour nous, secourez nous, assistez nous dans nos délivrances, protégez la mère et l'enfant, s'il plaît à Dieu !

Nous vous en prions au Nom du Père Créateur (signe de croix), *au Nom du Christ* (signe de croix), *au Nom de l'Esprit Saint* (signe de croix), *au Nom de la Divine Mère* (signe de croix), *Qu'il en soit ainsi !»*

ENROUEMENT

Définition :

Altération de la voix, caractérisée par un changement anormal de hauteur, de timbre et de tonalité, et causée par une inflammation du larynx.

Prière :

Faire un signe de croix sur la bouche, la poitrine et la gorge du malade et dire la formule suivante :

«Pé Monsieur lo Saint Jean, Je to signe, en haut, en bélh, au mitan. Vox clamantis in deserto.»

Puis récitez cinq *«Pater»* et cinq *«Avé»*

ENTORSES

<u>Définition</u> :

Une entorse est un étirement ou une rupture d'un ou plusieurs ligaments. Les entorses surviennent lors d'une pratique sportive mais pas nécessairement.

<u>Prière 1</u> :

Faire trois signes de croix sur le mal et dire 3 fois :

«Henté,
Superhenté,
Nerf retourne à ton entier
Comme Jésus t'a mis la première fois.»

Puis, faire de nouveau trois signes de croix sur le mal et dire :

«Entorse, nerf sauté, mets-toi à ta place comme Dieu t'a fait.»

Puis récitez cinq *«Pater»* et cinq *«Avé»*

Prière 2 :

Faire trois signes de croix sur le mal et dire 3 fois :

«Cassé, renté, denté d'un nerf ôté, remis entier.»

Puis, faire de nouveau trois signes de croix sur le mal et dire :

«Camba dé (Prénom et le Nom de la personne)*, Qué per la volontat de Dius. Tornès èstre coma éras, Ou tornès Corré coma corrias»*

Puis récitez cinq *«Pater»* et cinq *«Avé»*

Prière 3 :

En faisant les signes de croix sur le mal, répéter trois fois cette prière avant le lever du soleil :

«Au Nom de Jésus-Christ Notre Seigneur (signe de croix)
Et de Marie, sa Très Sainte Mère (signe de croix)
Que la forçure de (Prénom et Nom de la personne) *soit guérie, comme le soleil se lève.*
Le (indiquer le membre atteint) *de* (Prénom et nom de la personne) *revivra.*

Récitez ensuite cinq «*Pater*» et cinq «*Avé*» avec le malade.

Prière 4 :

En faisant les signes de croix sur le mal dire :

Nerf tordu (signe de croix), *Nerf tendu* (signe de croix),
Nerf forcé (signe de croix), *Nerf débranché* (signe de croix),
Nerf sauté (signe de croix), *Remets-toi du bon côté* (signe de croix),
Là où le Seigneur Dieu t'a mis (signe de croix).

Récitez ensuite cinq «*Pater*» et cinq «*Avé*»

ÉPILEPSIE

Définition :

L'épilepsie n'est pas une maladie à proprement parler. Il s'agit d'une condition neurologique avec laquelle la personne doit apprendre à vivre. C'est une condition caractérisée par de brefs et soudains changements du fonctionnement cérébral qui entraînent des « crises » d'épilepsie. On ne parlera d'épilepsie qu'en présence de crises répétées. Il faut savoir aussi que toute souffrance cérébrale, quelle qu'en soit la cause, peut provoquer une crise épileptique chez n'importe quelle personne.

Prière 1 :

Faire trois signes de croix

«Mal, qui que tu sois, d'où que tu viennes, quelque soit ta nature et ton principe, je t'ordonne au Nom de Jésus, à qui tout obéit au ciel, sur la terre et jusqu'aux enfers, de quitter (Prénom et nom de la personne), *qui est une créature de Dieu.* (Prénom et nom de la personne) *Dieu te bénisse, Dieu te guérisse en ce monde et dans l'éternité. Au Nom du Père* (signe de croix), *au Nom du fils* (signe de croix), *au Nom de l'Esprit Saint* (signe de croix), *ainsi soit-il !»*

Puis récitez cinq *«Pater»* et cinq *«Avé»*

<u>Prière 2</u> :

Écrire l'incantation suivante sur un morceau de parchemin vierge. Bénissez là au nom du Père, du Fils et du Saint Esprit. La personne concernée par le mal doit ensuite le garder sur lui tout le temps.

Incantation à écrire :

«*Gaspard porte la myrrhe* (tracer un signe de croix),
Melchior l'encens (tracer un signe de croix),
Balthazar l'or (tracer un signe de croix).
Celui qui portera sur lui les noms des trois rois sera préservé du mal caduc
Par la bonté de Jésus-Christ (tracer un signe de croix),
Notre Seigneur (tracer un signe de croix).»

ÉRYSIPÈLE

Définition :

L'érésipèle est une infection située le plus souvent sur la jambe, donnant une plaque rouge et douloureuse accompagnée de signes infectieux sévères (fièvre élevée, malaise…).

Prière 1 :

Faire trois signes de croix

Poser le pouce droit de la personne concernée sur son pouce gauche en formant une croix, nommer la personne à haute voix et prononcez trois fois l'incantation :

«Érysipèle résiperas (faire un signe de croix) *au nom de Jésus, je te conjure : comme tu es venu, tu t'en retourneras. Je te l'ordonne, au Nom du Père (signe de croix), et du fils (signe de croix), et du Saint-Esprit (signe de croix). Ainsi soit-il !»*

<u>Prière 2</u> :

Faire trois signes de croix

Poser le pouce droit de la personne concernée sur son pouce gauche en formant une croix, nommer la personne à haute voix et prononcez trois fois l'incantation :

«Résipète, résipète,
Au nom de Jésus, je te conjure.
Comme tu es venue, tu t'en retourneras.
(Prénom et nom de la personne) *Dieu t'a guéri.»*

Poursuivre la demande par trois *«Pater»* et trois *«Avé»*

ESTOMAC

<u>Définition</u> :

L'estomac est un organe important de la digestion, situé entre l'œsophage et l'intestin grêle. Grâce aux sucs gastriques qu'il sécrète, il transforme les aliments en liquide. Les problèmes d'estomac les plus courants sont les ulcères, les gastrites (brûlements), les hémorragies gastriques, les cancers et les problèmes de digestion (vomissements, indigestions, etc.)

<u>Prière 1</u> :

Commencer la demande par cinq *«Pater»* et cinq *«Avé»* , puis dire :

«De bon matin je me suis levé
J'ai été me promener au Jardin des Olivers.
J'ai trouvé la bonne sainte Élisabeth qui relevait la mère du ventre.
Guérissez s'il vous plaît, bonne Saint Vierge.
Au nom du Père (faire le signe de croix), *et du Fils* (faire le signe de croix), *et du Saint-Esprit* (faire le signe de croix).
Ainsi soit-il.»

<u>Prière 2</u> :

«Que le bon Dieu si avec mi Saint (Nom du guérisseur) *Saint Aubry et Saint Martyr passaviant tous lous trê par le chemi, sins pellra, sins soupira, le prêterne de* (prénom et nom du malade) *s'abatit, si qu'o v' piait de la releva.»*

<u>Prière 3</u> :

La personne concernée doit être à jeun. Prononcer en dessinant les croix sur son ventre avec l'index droit l'incantation suivante :

«Saint Pierre (signe de croix)
Et Saint Paul (signe de croix)
Sainte Anne (signe de croix)
Et Sainte Élisabeth sa mère (signe de croix),
Daignez avoir la bonté de regarder Si (Prénom et nom de la personne) a *l'estomac tombé et de le relever*
Pendant que je récite à votre gloire Cinq Pater et cinq Ave (signe de croix)»*

Réciter cinq *«Pater»* et cinq *«Avé»*

FATIGUE

<u>Définition</u> :

Diminution des forces de l'organisme, généralement provoquée par un travail excessif ou trop prolongé, ou liée à un état fonctionnel défectueux.

<u>Prière</u> :

Faire trois signes de croix

« *Saint Jean de Rome, infatigable serviteur de Dieu, qui jusqu'à plus de cent ans avez gardé un corps jeune, fort et en pleine santé, je vous invoque à présent pour venir à mon aide. Mains chaleureuses, mains généreuses, mains d'amour, mains de lumières, priez pour moi et s'il vous plaît, guérissez-moi de la fatigue et de l'épuisement. Amen.* »

Faire trois signes de croix

<u>L'énergie des arbres</u> :

Tourné vers le sud, mettez-vous le dos contre le plus gros chêne que vous trouverez. Coller les talons, les fesses, le crâne contre le tronc, la paume des mains bien à plat sur l'écorce, restez ainsi le plus longtemps possible.

FIÈVRE

Définition :

La fièvre est une augmentation de la température du corps au-delà des 38°C. Cela signifie que l'organisme lutte contre une infection.

Prière 1 :

Faire le signe de la croix. Passer la main sur la tête de la personne concernée, mais sans la toucher en disant trois fois cette prière. :

« Jésus portait sa croix sur le calvaire. Survient un Juif nommé Marc-Antoine qui lui dit :
Jésus, tu trembles.
Non, je frissonne.
Et dans son cœur il prononça :
Fièvre de fièvre, fièvre intermittente, fièvre vicieuse, fièvre typhoïde, Dieu commande aux fièvres de s'en aller.
Au nom du Père (faire le signe de croix), *et du Fils* (faire le signe de croix), *et du Saint-Esprit* (faire le signe de croix).
Ainsi soit-il.»

Poursuivre la demande par trois *«Pater»* et trois *«Avé»* pendant trois jours, le matin, à jeun.

Prière 2 :

Faire trois signes de croix

« *Étant venu dans la maison de pierre, Jésus vit sa belle-mère alitée, avec la fièvre. Il lui toucha la main, la fièvre la quitta, elle se leva et le servait* » Évangile selon Saint Matthieu.

Faire une croix sur la tête du malade, et dire :

« *Grand Saint Pierre,*

Qui êtes assis à la droite de la gloire de Dieu (signe de croix)

Daignez vous rappeler ce que Notre Seigneur Jésus-Christ a dit à Sainte Thérèse.

Il lui a promis que quiconque lui demanderait, en votre Nom la grâce de la guérison cela lui serait accordé.

Par le bonheur dont vous jouissez dans le ciel (signe de croix), d*aignez intercéder pour les mortifications de* (Prénom et Nom du malade) *et tirer de son corps cette fièvre* (signe de croix).

Au Nom de Sainte Thérèse (signe de croix)

Dieu te guérit (signe de croix)

Ainsi soit-il.»

Faire trois signes de croix

FURONCLES

<u>Définition</u> :

Un furoncle est un bouton sous-cutané enflammé et empli de pus. Le furoncle apparaît généralement à la suite de l'infection d'un follicule pileux.

<u>Saint Éloi</u>

Éloi est né à Chaptelat près de Limoges, en Limousin, vers 588 dans une famille chrétienne. Il fut placé par son père, en apprentissage à Limoges auprès d'Abbon, orfèvre réputé, qui fabriquait de la monnaie. Il assistait fréquemment aux offices de l'église, où il écoutait avec une grande avidité tout ce qu'on disait des divines écritures. Puis il quitta sa famille pour se rendre seul à Paris. Éloi entra au service de l'orfèvre Bobbon, qui reçut une commande du roi Clotaire II pour la fabrication d'un trône d'or orné de pierres précieuses. Clotaire II donna à Bobbon la quantité d'or nécessaire à la fabrication du siège, qui fut transmise à Éloi. Celui-ci fabriqua deux trônes en évitant la fraude sur la quantité d'or. L'honnêteté d'Éloi paya, Clotaire II le garda dans son entourage. La confiance que porta le roi envers lui s'accrut lorsque Clotaire II voulut qu'Éloi prête serment, par la pose de ses mains, sur de saintes reliques. Éloi, redoutant Dieu, refusa. Devant l'insistance du roi, Éloi pleura pour son offense envers Clotaire II, et redouta sept fois plus de porter la main sur de saintes reliques. L'orfèvre Éloi devint contrôleur des mines et métaux, maître des monnaies, puis grand argentier du royaume de Clotaire II, puis trésorier de Dagobert Ier avant d'être élu évêque de Noyon en 641. Il fonda des monastères à Solignac (631 ou 632) et à Paris (631, monastère Saint-Martial, avec Aure de Paris comme première abbesse, devenu par la suite couvent Saint Eloi).

Après son élection comme évêque de Noyon, saint Éloi a passé vingt ans à convertir la population druidique des Flandres et des Pays-Bas au christianisme. Investi de toute la confiance de Dagobert Ier, il remplit les missions les plus importantes et réussit notamment à amener Judicaël, duc des Bretons, à faire sa soumission en 636.

On invoque Saint Éloi pour tout ce qui touche aux chevaux, chevaux malades, chevaux qui refusent d'avancer, mais aussi pour les fractures et pour la guérison de l'eczéma.

<u>Prière</u> :

Appliquer sur le bouton un morceau de mie de pain blanc trempé dans du lait.

Faire trois signes de croix

« *Saint Éloi, je vous invoque à présent pour venir à mon aide. Mains chaleureuses, mains généreuses, mains d'amour, mains de lumières, faites que le mal qui afflige* (Prénom et Nom de la personne) *sorte de son corps guérissez-la. Par la lumière du Christ et dans l'Amour de Dieu.*

Au nom du Père (faire le signe de croix), *et du Fils* (faire le signe de croix), *et du Saint-Esprit* (faire le signe de croix). *Ainsi soit-il.*»

Faire trois signes de croix puis enlever le pain sans essuyer.

GALE

Définition :

Maladie contagieuse de la peau, due à un acarien parasite, et caractérisée par des démangeaisons.

Prière :

Faire trois signes de croix

« Gale quelle que tu sois,
Sèche ou humide,
Que tu sois à neuf pieds sous terre
Ou dans le corps de (Prénom et nom de la personne)
Je t'ordonne de quitter le lieu et de fuir
Aussi vrai que saint Jean a été dans la peau de chameau.
Au nom du Père (faire le signe de croix), *et du Fils* (faire le signe de croix), *et du Saint-Esprit* (faire le signe de croix).
Ainsi soit-il.»

Poursuivre la demande par trois *«Pater»* et trois *«Avé»*

GOITRE

Définition :

Tumeur grosse et spongieuse sur la partie antérieure du cou, entre la peau et la trachée-artère, formée par une augmentation du corps thyroïde.

Prière :

Porter autour du cou un chapelet en perles d'ambre véritable.

« Seigneur Jésus faites que le mal qui afflige (Prénom et Nom de la personne) *sorte de son corps, guérissez-la. Par la lumière du Christ et dans l'Amour de Dieu.*

Mal, mauvais mal que tu es, qui a autant de racines sur terre qu'au ciel nous avons d'amis, que Dieu te déracine promptement (faire le signe de croix).

Au nom du Père (faire le signe de croix), *et du Fils* (faire le signe de croix), *et du Saint-Esprit* (faire le signe de croix).

Ainsi soit-il.»

GOUTTE

<u>Définition</u> :

La goutte est une maladie chronique due à la présence d'un excès d'acide urique dans le sang ; on parle d'hyperuricémie. Des microcristaux d'acide urique peuvent alors se déposer dans les articulations et les tissus qui l'entourent, créant une inflammation ou arthropathie inflammatoire. La goutte se manifeste par la survenue de poussés inflammatoires articulaires appelées « crises de goutte ».

<u>Prière</u> :

Faire trois signes de croix

"Mon Seigneur et mon Dieu,
Si cela est conforme à Ta Volonté et à ta Justice,
Si cela est bénéfique à Ta créature et à son évolution,
Si cela ne porte pas dommage à qui Tu ne voudrais pas,

Alors reçois ma prière et assiste moi ! Seigneur Jésus faites que le mal qui afflige (Prénom et Nom de la personne) *sorte de son corps, guérissez-la. Merci de lui retirer ce mal et de faire en sorte qu'il ou elle ne souffre plus, et qu'il (ou elle) se sente parfaitement bien dans son corps, dans son cœur et dans son âme. Par la lumière du Christ et dans l'Amour de Dieu. Amen.»*

Faire trois signes de croix

GRIPPE

<u>Définition</u> :

La grippe est une infection virale qui touche principalement le nez, la gorge, les bronches, et éventuellement les poumons. L'infection dure en général une semaine environ et se caractérise par l'apparition brutale d'une forte fièvre, des myalgies, des céphalées, un mauvais état général, une toux sèche, une gorge irritée et une rhinite.

Le virus se transmet facilement d'une personne à l'autre par l'intermédiaire des micro-gouttelettes et des particules excrétées par les sujets infectés lorsqu'ils toussent ou éternuent. La grippe tend à se propager rapidement en épidémies saisonnières.

Saint Christian

Frère de saint Malachie d'Armagh. En 1126, il devient évêque de Clogher en Irlande et obtient plusieurs privilèges du Saint-Siège pour son diocèse.

<u>Prière</u> :

Faire les croix au dessus de la personne allongée :

« *Saint Christian* (signe de croix),

Qui nous préservez des ravages de la grippe, nous vous demandons, bienheureux martyr, l'assistance dont nous avons besoin pendant ces temps d'épidémie ou la grêle et les tempêtes règnent dans l'atmosphère (signe de croix). *Par votre bonté infinie, faites que Notre Seigneur détourne de nous cette menace et nous préserve de tout danger.*

Ainsi soit-il ! (signe de croix)»

Poursuivre la demande par trois «*Pater*» et trois «*Avé*»

GROSSESSE
(Protection)

Définition :

La grossesse est le processus normal de développement d'un nouvel être à l'intérieur des organes génitaux de la femme.

Sainte Anne

Sainte Anne est la mère de la Vierge Marie et donc la grand-mère maternelle de Jésus-Christ. Ses parents, Akar et Émérencie, sont de la tribu des Lévi. Akar possède des terres à Bethléem et Jérusalem. Avec sa femme, ils donnent naissance à Isménie vers 63 av. J.-C. et à Anne vers 55 av. J.-C. C'est à cette époque que la famille s'installe à Hébron où Isménie se marie et devient la mère de sainte Élisabeth. Quand Anne a neuf ans, ses parents déménagent à Jérusalem où Akar a des responsabilités au Temple. Joachim, était un éleveur venu faire sacrifier des bêtes de son troupeau au Temple. Or, il devait au préalable laver ses moutons dans la piscine de Bethesda près de la Porte des Brebis et Anne se tenait à cette porte de la ville, si bien qu'elle vit Joachim arriver avec ses troupeaux. Ils se marient à l'âge de 20 ans. Après un mariage de vingt ans sans enfants avec Joachim, le couple divorça, Joachim désespéré se retirant dans le désert au monastère Saint-Georges de Choziba. Mais un ange leur annonça la venue d'un enfant, si bien que le couple se reforma et Anne enfanta Marie. La crypte de l'église Sainte-Anne de Jérusalem serait située sur le lieu de la maison d'Akar et dans laquelle serait née Marie. Ils avaient fait un vœu et menèrent Marie lorsqu'elle avait trois ans, au temple à Jérusalem pour qu'elle y soit éduquée, par Zacharie, un grand prêtre, père de Jean le Baptiste futur cousin de Jésus. Elle est priée entre autres par les femmes qui désirent un enfant.

Prière 1 :

Faire trois signes de croix

« Vierge Marie, Sainte Anne, Sainte Marguerite et Sainte Camélie, protectrice efficace des femmes enceintes, priez pour (Prénom et nom de la personne)*, et de tous dangers pour la mère et l'enfant préservez-la ; de tous maux et malaises guérissez-la. Qu'elle puisse mener sa grossesse à terme et accoucher dans la joie et la bonne santé pour elle et son enfant. Amen.»*

Faire trois signes de croix

Prière 2 :

Faire les signes de croix sur le ventre de la femme

« *Lo Pater e la Mater. Jesus est. Ave Maria* (signe de croix) *Helias* (signe de croix) *Soter* (signe de croix) *Hemanelh* (signe de croix) *Sabaot* (signe de croix) *Adonay* (signe de croix) *Heleyzon* (signe de croix) *Creau* (signe de croix) *Jesus* (signe de croix) *Filius* (signe de croix) *Spiritus* (signe de croix) *Sanctus* (signe de croix) *Vocotio* (signe de croix) *Caritas* (signe de croix) *Huitas* (signe de croix) *Vita* (signe de croix) *Deus* (signe de croix) *Homo* (signe de croix) *Amen* (signe de croix)» .

HÉMORRAGIES
(pour arrêter le sang)

Définition :

Une hémorragie est un saignement, un écoulement du sang en dehors de son circuit naturel constitué par le cœur et les vaisseaux sanguins (veines et artères).

Prière 1 :

Faire un signe de croix au dessus de la personne concernée et dire :

« Sang, sang, rentre dans tes veines comme le sang de Notre-Seigneur Jésus-Christ est rentré après que les Juifs l'aient crucifié sur l'arbre de la Croix. »

A dire trois fois en mettant le pouce droit, ou la main sur le sang. Terminer par un signe de croix sur le sang.

Prière 2 :

Faire les signes de croix au dessus de l'hémorragie en disant :

« (Trois signes de croix) *Consummatum est* !

(Trois signes de croix) *Resurrexit* !

(Trois signes de croix) *Sang arrête toi*

Au nom du Père (faire le signe de croix), *et du Fils* (faire le signe de croix), *et du Saint-Esprit* (faire le signe de croix).

Ainsi soit-il.»

HÉMORROÏDES

Définition :

Les veines de la région anale se dilatent légèrement au moment de la défécation. Quand ces veines restent dilatées en permanence, elles deviennent des hémorroïdes. Si ces hémorroïdes deviennent douloureuses, démangent et/ou saignent, on parle alors de crise hémorroïdaire.

Prière 1 :

« Mon Dieu, qui permettez ou envoyez même les maladies pour éprouver vos serviteurs, leur rappeler vos bienfaits, leur inspirer une Sainte crainte de vos jugements, les ramener à la vertu et faire naître en eux de Saints désirs d'une vie plus parfaite, jetez un regard de bonté sur (nom et prénom du malade).»

Faire trois signes de croix puis imprégner de sa propre salive le majeur de la main droite, le passer sur le mal en disant à haute voix trois fois de suite l'incantation :

« Branche va-t'en, Dieu te maudit.»

Poursuivre la demande par neuf *«Pater»* et neuf *«Avé»*, les dire tous les matins en diminuant chaque jour d'un *«Pater»* et d'un *«Avé»*

Prière 2 :

Faire trois signes de croix

« *Seigneur Jésus faites que le mal qui afflige* (Prénom et Nom de la personne) *sorte de son corps, guérissez-la. Par la lumière du Christ et dans l'Amour de Dieu.*

Puis repousser les hémorroïdes trois fois avec le majeur de la main droite en disant chaque fois l'incantation :
«Broka braquet
Que Dieu m'a fait,
Je ne les ai plus
De par Jésus.
Au nom du Père (signe de croix) *et du Fils* (signe de croix) *et du Saint Esprit. Amen.»*

Poursuivre la demande par trois *«Pater»* et trois *«Avé»*

HOQUET

<u>Définition</u> :

Contraction spasmodique du diaphragme entraînant une secousse brusque du thorax et de l'abdomen, accompagné d'un bruit caractéristique causé par le resserrement subit de la glotte et la vibration des cordes vocales.

<u>Petites phrases à répéter jusqu'à ce qu'il passe</u> :

«Jolie petit pine fine»

Ou

«Allons nous cou-cou
Allons nous coucher»

Ou :

«J'ai l'hoquet
Bilboquet
J'passe dans la rue
Et je n'lai plus.»

IMPUISSANCE

Définition :

L'impuissance sexuelle ou dysfonction érectile consiste, soit dans l'impossibilité durable d'obtenir une érection valable, soit de ne pouvoir la maintenir si elle est obtenue avec une rigidité pénienne suffisante pour l'accomplissement de l'acte sexuel au moment précis de la pénétration.

Prière :

Faire trois signes de croix

"Mon Seigneur et mon Dieu,
Si cela est conforme à Ta Volonté et à ta Justice,
Si cela est bénéfique à Ta créature et à son évolution,
Si cela ne porte pas dommage à qui Tu ne voudrais pas,
Alors reçois ma prière et assiste moi !
Dire le Prénom et nom de la personne, puis l'incantation :
Je me débarre (faire le signe de croix),
Je me contre-barre (faire le signe de croix).
Au Nom du Père (faire le signe de croix)
Du Fils (faire le signe de croix),
Et du bardebarre et contrebarre
Au nom du Saint Esprit.

Faire trois signes de croix

Poursuivre la demande par trois *«Pater»* et trois *«Avé»*

Cette prière est à répéter trois fois de suite.

JAUNISSE

<u>Définition</u> :

Coloration jaune de la peau et des muqueuses due à l'accumulation dans les tissus de bilirubine.

<u>Prière</u> :

Faire trois signes de croix

« *Jésus, toi qui est si souvent invoqué pour obtenir la guérison de toute sorte de maladie, je t'implore aujourd'hui de me faire cette grâce, merci de guérir* (Prénom et nom de la personne) *de la jaunisse qui le touche actuellement.*

Merci de lui retirer ce mal et de faire en sorte qu'il ou elle ne souffre plus, et qu'il (ou elle) se sente parfaitement bien dans son corps, dans son cœur et dans son âme.

Au nom du Père (faire le signe de croix), *et du Fils* (faire le signe de croix), *et du Saint-Esprit* (faire le signe de croix).

Ainsi soit-il.»

Faire trois signes de croix

Poursuivre la demande par trois *«Pater»* et trois *«Avé»*

KYSTE SÉBACÉ

<u>Définition</u> :

Le kyste sébacé est créé par l'accumulation de sébum sous la peau, il a l'apparence d'une petite bosse dure de la couleur de la peau, parfois légèrement jaune ou blanc. En général, il ne mesure que quelques millimètres mais certains kystes sébacés peuvent mesurer jusqu'à 2 cm.

Saint Gaétan de Thiène

Gaétan est né à Vicence, qui faisait alors partie de la république de Venise. Ses parents étaient Gaspard, comte de Thiène, et Maria Porto. Sa mère, très pieuse, l'encouragea dans la voie de la sainteté.

Comme nombre de jeunes gens de son milieu, il étudie le droit à Padoue et achève ses études à l'âge de 24 ans, en obtenant un diplôme de droit civil et de droit canon.

En 1506, son père le fit entrer dans la diplomatie vénitienne. Il fut envoyé à la cour du pape Jules II, où il travailla à la réconciliation du souverain pontife avec la république de Venise.

La mort de sa mère le rappelle à Vicence, où il fonde un hôpital pour les incurables. Le jeune homme est alors tout autant préoccupé par le soin des âmes que par celui des corps.

<u>Prière</u> :

Faire trois signes de croix

« *Saint Gaétan, je vous invoque à présent pour venir à mon aide. Mains chaleureuses, mains généreuses, mains d'amour, mains de lumières, faites que le mal qui afflige* (Prénom et Nom de la personne) *sorte de son corps guérissez-la. Par la lumière du Christ et dans l'Amour de Dieu. Nous Vous prions Seigneur Jésus-Christ, qu'il en soit ainsi !*

Saint Gaétan de Thiène, si puissant à nous secourir dans nos peines, priez pour nous, secourez-nous et des kystes délivrez (Prénom et Nom de la personne), *s'il plaît à Dieu !*

Merci de lui retirer ce mal et de faire en sorte qu'il ou elle ne souffre plus, et qu'il (ou elle) se sente parfaitement bien dans son corps, dans son cœur et dans son âme. »

Faire trois signes de croix

<u>MARCHE</u>
(Pour la faciliter)

Cette prière peut aussi être effectuée pour un adulte qui aurait des problèmes pour marcher.

Faire trois signes de croix

«Mon Dieu, merci de porter attention à cette prière qui vient du plus profond de mon cœur et de te prendre en compassion pour (Prénom et Nom de l'enfant)
Bénis-le chaque jour que tu fais
Fortifie-le, purifie-le des nœuds
Qui peuvent bloquer ses membres.
Fais-le marcher le plus rapidement possible.
Au nom du Père (faire le signe de croix), *et du Fils* (faire le signe de croix), *et du Saint-Esprit* (faire le signe de croix).
Ainsi soit-il.»

MÉNINGITE

<u>Définition</u> :

La méningite est une inflammation des méninges : les enveloppes de la moelle épinière et du cerveau dans lesquelles circule le liquide céphalo-rachidien.

<u>Prière</u> :

« O doux Jésus qui avez si tendrement aimé les enfants, qui vous plaisiez à les bénir et à les embrasser ; vous qui avez dit que celui qui croira en vous et sera baptisé pourra, en votre Nom et par la divine vertu de ce Nom, chasser le démon et guérir les malades, en leur imposant les mains : ayez pitié de nous qui avons recours à vous ; ayez aussi pitié de l'enfant innocent sur lequel j'impose les mains en votre Nom, et guérissez le de la maladie qui l'afflige et le tourmente.

Mal, qui que tu sois, au Nom de Notre Seigneur Jésus Christ, sors de cet enfant (dire le prénom).

Je te l'ordonne au nom (signe de croix) *du Père,* (signe de croix) *et du Fils,* (signe de croix) *et du Saint Esprit, et par la toute puissance de signe* (signe de croix) *de croix.*

Ainsi soit-il !»

Recette :

Voici une recette utilisée en cas de méningite :

Écraser plusieurs oignons sans la peau de manière à envelopper complètement à l'aide d'un linge, les pieds du malade jusqu'aux chevilles.

Il faut maintenir les pieds ainsi enveloppés d'oignons pendant sept heures (une nuit de sommeil).

Au matin, déballer et nettoyer les pieds. Vous remarquerez que si l'oignon est devenu marron noir, comme cuit, le malade se sentira mieux.

Ne pas hésiter à renouveler le remède si nécessaire.

MIGRAINES (Maux de tête)

Définition :

La migraine est une forme particulière de mal de tête. Elle se manifeste par crises qui peuvent durer de quelques heures à quelques jours. La fréquence des crises est très variable d'une personne à l'autre, pouvant aller de plusieurs crises par semaine à une crise par an ou moins.

Prière 1 :

Faire trois signes de croix et dire à chaque fois :
« Eant, ter, Inter Superter, Anteter.
C'est tous mes désirs de guérison.»

Puis faire 3 signes de croix sur le front.

Saint Pancrace

Né vers 289 ou 290 en Phrygie, Pancrace, ayant perdu ses parents, fut confié aux bons soins de son oncle paternel, Denis. Ils possédaient une grande fortune. Tous deux se rendirent à Rome. Converti au christianisme par le pape Corneille, le jeune garçon fut dénoncé comme chrétien. Il comparut devant l'empereur Dioclétien, et ce dernier lui dit, selon la légende :

« Jeune enfant, je te conseille de ne pas te laisser mourir de mal mort ; car, jeune comme tu es, tu peux facilement te laisser induire en erreur, et puisque ta noblesse est constatée et que tu es le fils d'un de mes plus chers amis, je t'en prie, renonce à cette folie, afin que je te puisse traiter comme mon enfant. ».

Mais Pancrace lui répondit, toujours selon la légende :

« Bien que je sois enfant par le corps, je porte cependant en moi le cœur d'un vieillard, et grâce à la puissance de mon Seigneur Jésus-Christ, la terreur que tu nous inspires ne nous épouvante pas plus que ce tableau placé devant nous. Quant à tes Dieux que tu m'exhortes à honorer, ce furent des trompeurs, des corrupteurs de leurs belles-sœurs ; ils n'ont pas eu même de respect pour leurs père et mère que si aujourd'hui tu avais des esclaves qui leur ressemblassent tu les ferais tuer incontinent. Je m'étonne que tu ne rougisses pas d'honorer de tels dieux. ».

Il fut alors décapité. Il avait 14 ans.

Prière 2 :

Faire trois signes de croix

« Saint Pancrace, je vous invoque à présent pour venir à mon aide. Mains chaleureuses, mains généreuses, mains d'amour, mains de lumières, faites que le mal qui afflige (Prénom et Nom de la personne) *sorte de son corps guérissez-la. Par la lumière du Christ et dans l'Amour de Dieu. Vous obtenez, glorieux Saint Pancrace, par votre médiation, à tous vos fervents dévots, la guérison du mal de*

tête. Que la douleur d'un si grand mal soit promptement soulagée au Nom du Père (signe de croix), *et du fils* (signe de croix), *et du Saint-Esprit* (signe de croix). *Ainsi soit-il !»*

Puis, souffler en forme de croix trois fois sur le front, trois fois sur l'oreille droite et trois fois sur l'oreille gauche.

Prière 3 :

Faire trois signes de croix

« Mal profond, mal rongeur, que tu sois chassé et confondu, au Nom de Notre Seigneur Jésus le Christ, et qu'aussitôt tu disparaisses, de la tête de (nommer la personne)
Sainte Apolline, la divine, Toi qui sais guérir toutes sortes de migraines, je te demande de venir auprès de moi afin de guérir (nommer la personne). *Par la lumière du Christ, qu'il en soit ainsi.*
Au Nom du Père (signe de croix), *et du fils* (signe de croix), *et du Saint-Esprit* (signe de croix). *Ainsi soit-il !»*

Faire trois signes de croix

MORSURES

Définition :

Une morsure correspond à l'action de mordre ou à la blessure laissée par cette action. Il existe différents types de morsures selon les animaux.

Prière :

Faire sur la morsure 3 signes de croix en disant :

«Au nom du Père, du Fils et du Saint-Esprit.
Monseigneur, Saint Hubert, venait de la chasse.
Saint Hubert, as-tu fait bonne chasse ?
Non, Monseigneur, j'ai fait rencontre d'une bête venimeuse, j'en suis été piqué, je crois que j'en périrai.
Non, Saint Hubert, tu guériras ; la bête venimeuse périra.»

Terminer par 3 signes de croix sur la morsure.

NÉVRALGIE

Définition :

Douleur siégeant sur le trajet d'un nerf sensitif ou dans le territoire qu'il innerve, se manifestant en accès aigu ou sous forme diffuse et prolongée, et dont les causes peuvent avoir des origines très diverses.

Prière :

Faire trois signes de croix à l'endroit de la douleur en disant :

« *Mal, qui que tu sois, d'où que tu viennes, quelque soit ta nature et ton principe, je t'ordonne au Nom de Jésus, à qui tout obéit au ciel, sur la terre et jusqu'aux enfers, de quitter* (Prénom et nom de la personne), *qui est une créature de Dieu. Je te l'ordonne, au Nom du Père* (signe de croix), *et du fils* (signe de croix), *et du Saint-Esprit* (signe de croix). *Ainsi soit-il !»*

Répéter l'opération trois fois de suite.

ŒIL
(maux d')

Définition :

Il existe de nombreuses maladies de l'œil. Chaque partie anatomique de cet organe peut présenter un désordre et causer un trouble oculaire.

Prière 1 :

Faire trois signes de croix

« *Que celui qui est né pour nous de la Vierge Marie, daigne en pareil jour, recevoir nos hommages et nous conduire, par sa Grâce, au Royaume Éternel !*

Et vous, qui joignez à l'éclat de la Virginité le privilège d'être Mère, soyez notre protectrice auprès de ce Dieu Sauveur, et déposez à ses pieds l'humble demande que nous formulons avec ferveur, pour la guérison de (Nommer la personne) *qui souffre cruellement des yeux !*

Daignez lui assurer Votre Intercession pour que ses yeux guérissent et qu'il (ou elle) ne perde point la vue, nous Vous en prions, ô Bienheureuse Marie, en souvenir de la naissance de Votre Divin Fils, notre Divin Sauveur ; exaucez-nous, ô Marie, s'il plaît à Dieu !

Nous vous en prions au Nom du Père, du Fils, du Saint-Esprit et de la Vierge Marie !

Faire trois signes de croix

Prière 2 :

« *Notre Seigneur jésus Christ et la Sainte Vierge se promenaient dans les champs.*

La Sainte Vierge Marie trouva une pierre blanche. Elle s'assit dessus et se mit à pleurer.

Notre Seigneur Jésus Christ lui dit :

- Vierge, qui pleurez-vous ?

- Oh mon Sauveur, je peux pleurer, j'ai un grand mal d'yeux et j'ai peur de les perdre. »

Puis l'incantation :

« *Le grand vent qui tire vous garantira du piqué de l'oignon, du dragon, du bourgeon et de tout qui m'a attrapé à la rosée.* (Faire le signe de croix)

Au Nom du Père (signe de croix), *et du fils* (signe de croix), *et du Saint-Esprit* (signe de croix). *Ainsi soit-il !* »

ŒIL DE PERDRIX

<u>Définition</u> :

Un œil de perdrix est un épaississement de la peau qui fait son apparition entre les orteils.

<u>Prière</u> :

Faire trois signes de croix sur le cor

"Au nom du Père, du Fils et du Saint-Esprit (trois fois) *cor, cor, cor, sors de cet endroit, sors du corps de* (nommer la personne) *Cor, perds ta couleur, comme Judas perdis sa couleur, quand il vendit notre seigneur. Cor sors d'ici, va t'en, comme le sang coula des pieds de Jésus, par le soleil et par la lune* (trois fois). *Au nom du Père, du Fils, et du Saint-Esprit "*

Faire trois signes de croix sur le cor

OREILLONS

Définition :

Les oreillons sont une maladie virale contagieuse responsable d'une inflammation des glandes salivaires appelées parotides. Cette maladie est le plus souvent bénigne chez le petit enfant ; des complications sont parfois observées chez les adolescents et adultes.

Prière :

Faire trois signes de croix sur le front de la personne concernée.

« Étant venu dans la maison de pierre, Jésus vit sa belle-mère alitée, avec la fièvre. Il lui toucha la main, la fièvre la quitta, elle se leva et le servait » Évangile selon Saint Matthieu.

Faire une croix sur la tête du malade, et dire :

« Grand Saint Pierre, qui êtes assis à la droite de la gloire de Dieu (faire le signe de croix) *Daignez-vous rappeler ce que Notre Seigneur Jésus-Christ a dit à Sainte Thérèse. Il lui a promis que quiconque lui demanderait en votre Nom la grâce de la guérison, cela lui serait accordé. Par le bonheur dont vous jouissez dans le ciel* (faire le signe de croix) *Daignez intercéder pour les mortifications De* (Prénom et Nom de la personne) *et tirer de son corps cette maladie* (faire le signe de croix). *Au Nom de Sainte Thérèse*

(faire le signe de croix) *Dieu te guérit* (faire le signe de croix) *Au nom du Père* (faire le signe de croix), *et du Fils* (faire le signe de croix), *et du Saint-Esprit* (faire le signe de croix).

Ainsi soit-il.»

ORGELET

<u>Définition</u> :

Un orgelet est une infection bénigne qui se forme en quelques jours en bordure de la paupière. Un petit bouton rouge et douloureux apparaît à la base des cils et se remplit de pus. Un orgelet n'est pas dommageable pour l'œil et n'est pas contagieux.

<u>Prière</u> :

Placer un anneau d'or sur l'œil atteint et dire :

« *Mal, qui que tu sois, d'où que tu viennes, quelque soit ta nature et ton principe, je t'ordonne au Nom de Jésus, à qui tout obéit au ciel, sur la terre et jusqu'aux enfers, de quitter* (Prénom et nom de la personne), *qui est une créature de Dieu. Je te laisse dehors et pas dedans !* (répéter 3 fois) *Je te l'ordonne, au Nom du Père* (signe de croix), *et du fils* (signe de croix), *et du Saint-Esprit* (signe de croix). *Ainsi soit-il !*»

PANARIS

Définition :

Un panaris est une infection cutanée et sous-cutanée (tissus situés sous la peau) d'un doigt. L'infection est due à une bactérie. Le panaris atteint le plus souvent les doigts des mains et rarement les orteils.

Prière :

« Jésus, toi qui est si souvent invoqué pour obtenir la guérison de toute sorte de maladie, je t'implore aujourd'hui de me faire cette grâce, merci de guérir (Prénom et nom de la personne). *Merci de lui retirer ce mal et de faire en sorte qu'il ou elle ne souffre plus, et qu'il (ou elle) se sente parfaitement bien dans son corps, dans son cœur et dans son âme. »*

Puis l'incantation :

« Mal qui es dans la moëlle, tombe dans la chair
Mal qui es dans la chair, tombe dans la peau
Mal qui es dans la peau, tombe dans la terre.
Au nom du Père (faire le signe de croix), *et du Fils* (faire le signe de croix), *et du Saint-Esprit* (faire le signe de croix).
Ainsi soit-il.»

PEUR

<u>Définition</u> :

État émotionnel stressant, sentiment d'angoisse en présence d'un risque ou d'une menace réelle ou imaginaire.

<u>Prière</u> :

« Dieu tout puissant, bon Père du ciel, je te prie de bien vouloir aider (Prénom et Nom de la personne) *car sa peur ronge son cœur et son esprit.*

Ne l'abandonne pas dans cette souffrance de l'âme qui assombrit ses jours.

Si sa peur est trop grande autorise son Ange Gardien à l'assister par ses pensées de courage et de persévérance.

Merci mon Dieu de lui faire penser que tu es toujours avec lui.

Éloigne de lui tous ceux et celles dont l'influence seraient néfaste à sa sérénité.

Merci mon Dieu d'écouter cette prière et merci cher Ange de ta continuelle présence auprès de (Prénom et Nom de la personne).

Merci mon Dieu de lui donner le meilleur en tout et partout.

Amen. »

PIQÛRES

<u>Définition</u> :

Petite lésion cutanée, plus ou moins profonde, provoquée volontairement ou accidentellement par un objet, un instrument pointu ou par un animal (insecte, serpent, poisson, etc.). Il y a des piqûres ou des morsures d'insectes (abeilles, guêpes, frelons, scorpions) qui peuvent provoquer des réactions graves, avec des gonflements importants.

<u>Prière</u> :

Faire trois signes de croix

« Jésus, toi qui est si souvent invoqué pour obtenir la guérison de toute sorte de maladie, je t'implore aujourd'hui de me faire cette grâce, merci de guérir ... (Prénom et nom de la personne) *de cette mauvaise piqûre. »*

Plusieurs incantations sont possibles :

1- Répéter trois fois :
« Bonne sainte Etoupe
Et saint Hourne,
Faites que le venin s'arrête
Et qu'il sorte où qu'il a rentré»

2- Faire un signe de croix sur la piqûre à chaque fois et dire trois fois :

«Épine blanche, épine noire, je te barre, je te croise.»

3- Les signes de croix sont à effectuer au dessus de la piqûre :

«Parafara, fera, épines-tu sailliras et le mal s'en ira (signe de croix) p*ar Saint Jean et Saint Nicolas* (signe de croix)*»*

4- Pour une piqûre d'insecte avec du venin :
«Que verte, reverte, en chasse le venin,
Que vorne envorne et revorne bien,
Par l'âne de saint Saturnin !»

Terminer par :

« Merci de porter attention à cette prière qui vient du plus profond de mon cœur. Je vous implore comme vous nous l'avez indiqué dans les Saints Évangile, au nom du Père (faire le signe de croix), et du Fils (faire le signe de croix), et du Saint-Esprit (faire le signe de croix).
Ainsi soit-il.»

PLEURÉSIE

Définition :

Une pleurésie est une inflammation de la plèvre, la membrane qui entoure les poumons.

Sainte Gertrude

Gertrude est née le 6 janvier 1256 à Eisleben, en Thuringe. Probablement orpheline dès son jeune âge, elle fut confiée, vers l'âge de cinq ans, aux bons soins des moniales cisterciennes du monastère d'Helfta, près d'Eisleben, dans l'actuel land de Saxe-Anhalt (Allemagne).

A 25 ans, Gertrude, devenue religieuse professe, est gratifiée d'une vision, le 27 janvier 1281, après l'office de complies, qui change le cours de sa vie spirituelle. Elle datera de ce jour le temps de sa conversion intérieure. Se reprochant ses négligences passées, la jeune intellectuelle férue de savoirs renonce aux sciences profanes, pour se consacrer au seul approfondissement de sa vie intérieure. Elle partagera désormais son existence entre la lecture, la méditation et la copie de manuscrits, le chant de l'office divin au chœur et la maladie en chambre, les grâces mystiques et l'accompagnement spirituel des moniales. Gertrude expire pendant la vacance, le 17 novembre 1301.

<u>Prière</u> :

« Sainte Gertrude, en larmes, s'est assise sur la pierre divine ; Notre Seigneur s'en vint passant, et lui dit :

"Gertrude, qu'est ce qui te chagrine ?

- Seigneur, je suis là pour mon chef, pour mon sang, pour mon mal là-dedans !

- Gertrude, souris, tu es guérie."

Grande Sainte Gertrude, mains chaleureuses, mains généreuses, mains d'amour, mains de lumières, guérissez aussi (Prénom et nom de la personne), *de son mal là-dedans, s'il plaît à Dieu !*

Je vous en prie au nom du Père (faire le signe de croix), *et du Fils* (faire le signe de croix), *et du Saint-Esprit (*faire le signe de croix).

PROSTATE

Définition :

La prostate est une glande du système reproducteur masculin, qui se situe entre le pubis et le rectum. Elle a la taille d'une noix (ou d'une châtaigne) et entoure l'urètre, le canal qui transporte l'urine de la vessie vers l'extérieur. La prostate participe à la production du liquide séminal.

Prière :

« Cher Archange Raphaël, je vous invoque à présent pour venir à mon aide. Mains chaleureuses, mains généreuses, mains d'amour, mains de lumières, faites que le mal qui afflige (Prénom et Nom de la personne) *sorte de son corps, guérissez-la. Par la lumière du Christ et dans l'Amour de Dieu. Merci de l'aider et de guérir sa prostate ainsi que de le guider quand aux gestes à poser afin de pouvoir voir à sa santé et à son bon fonctionnement.*

Chancre gris, chancre blanc, chancre noir, chancre rouge, chancre sec, chancre suant, je te conjure de ne pas avoir plus de pouvoir sur cet homme que le diable n'en a sur le prêtre à la messe.

Au nom du Père (faire le signe de croix), *et du Fils* (faire le signe de croix), *et du Saint-Esprit* (faire le signe de croix).

Ainsi soit-il.»

Poursuivre la demande par trois *«Pater»* et trois *«Avé»*

RÈGLES
(Activer leur apparition)

Définition :

Pertes de sang correspondant à l'élimination spontanée de la muqueuse utérine qui se forme à chaque ovulation pour recevoir un éventuel ovule fécondé. Dans de nombreuses sociétés, les premières règles symbolisent souvent le passage de l'enfance à l'âge de femme.

Prière :

Tracer avec l'index droit trois croix sur l'abdomen de la jeune fille et dire :

« Sainte Anne, nous vous adressons cette invocation en toute confiance pour (nom et prénom de la jeune fille) *qui s'inquiète de ne pas être en une femme.*
Le sang d'Adam a donné la mort, le sang de Jésus-Christ a donné la vie. O sang reviens ! (Faire un signe de croix sur l'abdomen)
Nous vous supplions et vous conjurons par Jésus-Christ Notre Seigneur et Marie sa mère bien aimée, de bien vouloir l'aider et l'assister de tout votre pouvoir. »

Trois signes de croix

RHUMATISMES

Définition :

Groupe d'affections douloureuses, aiguës ou chroniques, associées à des phénomènes inflammatoires ou dégénératifs, affectant essentiellement les articulations et les tissus mous de l'appareil locomoteur.

Prière 1 :

Faire avec les deux mains le geste de tirer le mal vers l'extrémité du membre en récitant la formule suivante neuf fois de suite :

« San Peïré, San Paoul, San Tsan é San Roch, Tiraï-mé lou rumatismo al gallop.

Au nom du Père (faire le signe de croix), *et du Fils* (faire le signe de croix), *et du Saint-Esprit* (faire le signe de croix).

Ainsi soit-il.»

Prière 2 :

Pendant neuf jours de suite, tous les matins, à jeun, réciter la neuvaine suivante :

« Madame sainte Anne
Qui enfanta la Vierge Marie

Qui enfanta Jésus-Christ,
Dieu te guérisse et te bénisse
Pauvre créature (prénom et nom de la personne)
De renouure, rompure,
Entraves de toutes sortes,
Infirmités quelconques,
En l'honneur de Dieu, de la Vierge Marie,
De Messieurs saint Côme et saint Damien.
Amen.

Poursuivre la demande par trois *«Pater»* et trois *«Avé»*

RHUME

<u>Définition</u> :

Inflammation des muqueuses des voies respiratoires accompagnée généralement de toux, d'enrouement, et parfois de fièvre.

<u>Prière 1</u> :

Dire trois fois le Notre Père jusqu'aux mots et en arrivant à la phrase « *comme au ciel* » souffler par le nez en faisant le signe de croix.

<u>Prière 2</u> :

« Sinusite,
Sinusite allergique,
Sinusite qui que tu sois,
Sinusite maudite,
Retourne d'où tu viens,
Quitte à jamais le corps de (nommer la personne)
Dieu te l'ordonne !
Notre Seigneur Jésus le Christ te l'ordonne !
Sa douce Mère Marie te l'ordonne !
Les Anges guérisseurs te l'ordonnent !

Les Médecins du Ciel te l'ordonnent !
Et par ma bouche Dieu l'ordonne :
Au Nom du Père Créateur,
Au Nom du Christ,
Au Nom de l'Esprit Saint,
Ainsi soit-il !»

Poursuivre la demande par trois «*Pater*» et trois «*Avé*»

<u>Prière 3</u> :

Faire neuf fois le tour de la tête du malade avec une pierre blanche en disant l'incantation suivante :

« Catarrhe,
Sue par le Saint Nom de Dieu
Va te noyer au plus profond de l'eau,
Sous un caillou blanc.»

La personne devra ensuite aller jeter la pierre au fond de l'eau.

SCIATIQUE

Définition :

Douleur violente qui se fait sentir le long du trajet du nerf sciatique.

Prière :

Répéter à neuf reprises en faisant le signe de croix sur la personne concernée :

« San Peïre, San Tsan et San Roch
Tiraï-me la sciatico al galop.»

Poursuivre la demande par trois *«Pater»* et trois *«Avé»*

SEINS
(Maux)

Définition :

Le sein évolue sous l'influence des hormones tout au long de la période d'activité génitale de la femme. Des douleurs ou des problèmes peuvent donc survenir tout au long de la vie.

Sainte Agathe

Née au IIIème siècle à Catane en Sicile, dans une famille noble, Agathe était d'une très grande beauté et honorait Dieu avec ferveur et lui avait ainsi consacré sa virginité. Quintien, proconsul de Sicile mais homme de basse extraction, souhaitait par-dessus tout l'épouser, pensant qu'il pourrait ainsi gagner en respect mais aussi jouir de la beauté et de la fortune d'une telle épouse. Agathe ayant refusé ses avances, Quintien l'envoya dans un lupanar tenu par une certaine Aphrodisie qu'il chargea de lui faire accepter ce mariage et de renoncer à son Dieu. La tenancière ayant échoué, Quintien fit jeter Agathe en prison et la fit torturer. Parmi les tortures qu'elle endura, on lui arracha les seins à l'aide de tenailles mais l'apôtre Pierre lui apparut en prison et la guérit de ses blessures. D'autres tortures finirent par lui faire perdre la vie et son décès fut accompagné d'un tremblement de terre qui ébranla toute la ville. Un an après sa mort, l'Etna entra en éruption, déversant un flot de lave en direction de

Catane. Selon la légende, les habitants s'emparèrent du voile qui recouvrait la sépulture d'Agathe et le placèrent devant le feu qui s'arrêta aussitôt, épargnant ainsi la ville.

Elle est invoquée contre les tumeurs ou autre maladies du sein. On l'invoque aussi pour calmer le "feu" des passions qui nous consume, contre les tremblements de terre, contre les incendies, contre les irruptions volcaniques ou pour chasser le démon.

Prière :

« O Sainte Agathe (faire le signe de croix)*,*
Vous vainquez les démons,
Vous délivrez des tremblements de terre,
Vous guérissez des flux de sang,
Vous éteignez les incendies
Et votre intercession
Est puissante contre tout mal.
O Sainte Agathe (faire le signe de croix)*,*
Les femmes qui vous implorent
Pour leurs maux de seins,
Vos honorent comme leur médecin
Car vous les leur faite disparaître.
Ainsi soit-il !» (faire le signe de croix)

<u>Prière 2</u> :

« Seigneur, qui nous accordez la Grâce d'honorer la mémoire de Votre sainte martyre, versez sur nous, nous vous en supplions par les mérites de Sainte Macre, qui a souffert la mort avec tant d'amour pour Votre Nom, l'abondance de Vos Bénédictions et une entière guérison des maux dont nous souffrons cruellement !

Nous Vous en prions par Notre Seigneur Jésus-le-Christ ; ainsi soit-il.

Sainte Macre, notre refuge et notre espérance dans les maux les plus désespérés, priez pour nous, secourez-nous, et des douleurs aux seins, guérissez-nous, s'il plaît à Dieu !

Nous vous en prions au nom du Père (faire le signe de croix), *et du Fils* (faire le signe de croix), *et du Saint-Esprit* (faire le signe de croix).

Ainsi soit-il.»

TROUBLES DU SOMMEIL

Définition :

Un trouble du sommeil est un trouble médical pouvant avoir des causes physiologiques, environnementales ou comportementales (lié aux habitudes du sommeil d'un individu).

Les sept dormants d'Éphèse :

L'histoire se déroule au temps de la persécution de l'empereur Dèce (règne de 249 à 251) contre les chrétiens. Sept officiers du palais, originaires de la ville d'Éphèse, sont accusés d'être chrétiens : il s'agit de Maximien, Malchus, Marcien, Denys, Jean, Sérapion et Constantin. Alors que l'empereur est en voyage, ils distribuent leurs biens aux pauvres et se réfugient dans la montagne voisine.

L'empereur, à son retour, fait rechercher les sept chrétiens. Ceux-ci, prenant leur repas du soir, tombent mystérieusement endormis : c'est dans cet état qu'ils sont découverts. L'empereur Dèce les fait alors emmurer dans leur cachette. Et c'est en 418, qu'un maçon ouvre par hasard la grotte où sont enfermés les Sept Dormants. Ceux-ci se réveillent, inconscients de leur long sommeil. Aussitôt, l'empereur Théodose II accourt, et voit dans le miracle une preuve contre ceux qui nient la résurrection des morts.

<u>Prière aux sept dormants d'Éphèse</u> :

Cette prière doit être écrite sur une feuille de papier par la personne concernée par le problème de sommeil et glissée sous son oreiller. Elle devra prendre soin de la lire trois fois chaque soir avant de dormir.

« Malchus, Maximianus, Martinus, Dionisius, Constantinus, Johannes et Seraphion, je vous adresse cette invocation en toute confiance pour m'aider à retrouver un sommeil doux, serein et réparateur. Je vous supplie et vous conjure par Jésus-Christ Notre Seigneur et Marie sa mère bien aimée, de bien vouloir m'aider et m'assister de tout votre pouvoir. »

TORTICOLIS

Définition :

Contracture douloureuse des muscles du cou qui empêche de tourner la tête.

Saint Léon de Carentan

Né vers 856, il serait parti avec ses parents rejoindre la cour du roi Louis II de Germanie sur les bords du Rhin, en Bavière. Puis il vint à Paris, étudier dans une école fondée par Charlemagne. En 888, il est nommé archevêque de Rouen. Peu de temps après, il est chargé par le pape d'évangéliser les Basques. Premier évêque de Bayonne, il convertit les païens du Labourd (Bayonne), de la Navarre, de la Biscaye, et meurt décapité par les Vikings en même temps que ses frères Philippe et Gervais.

Prière :

« Saint Léon , je vous invoque à présent pour venir à mon aide. Mains chaleureuses, mains généreuses, mains d'amour, mains de lumières, faites que le mal qui m'afflige sorte de mon corps, guérissez-moi.

Saint Léon, aidez-moi. Je vous adore, ô mon Sauveur, ressuscitant d'entre les morts, montant au ciel, et assis à la droite de votre Père. Faites, je vous en supplie, que je mérite de vous suivre où vous êtes, et de vous y être présenté. Par la lumière du Christ et dans l'Amour de Dieu. Ainsi soit-il.»

TOUX

Définition :

La toux est un réflexe naturel de défense pour expulser les mucosités ou les agents irritants des voies respiratoires. Elle peut être aiguë, chronique, sèche ou grasse.

Prière 1 :

« Saint Jean s'en allant vers la plaine rencontre la Vierge qui dit :
Saint Jean, Où donc vas tu ?
Saint Jean lui répondit :
Je vais à Dieu.
Dieu, guérissez (prénom et nom de la personne) *de sa toux*
Au nom (signe de croix) *du Père* (signe de croix) *et du Fils* (signe de croix) *et du Saint Esprit.*
Ainsi soit-il.»

Poursuivre la demande par trois *«Pater»* et trois *«Avé»* pendant 9 jours.

Prière 2 :

Répéter trois fois la prière suivante :

(faire le signe de croix) *Catharre maudit !*
(faire le signe de croix) *Dieu te maudit !*
(faire le signe de croix) *Saint Jean te guérit*
(faire le signe de croix) *Sainte Anne, mère de la Sainte Vierge,*

Guérissez (Nommer la personne) *promptement, comme Saint Côme et Saint Damien furent guéris par les cinq plaies de Notre Seigneur Jésus-le-Christ !*

Catharre maudit, sors d'ici !

Par ma bouche Dieu l'ordonne

Au nom du Père (faire le signe de croix), *et du Fils* (faire le signe de croix), *et du Saint-Esprit* (faire le signe de croix).

Ainsi soit-il.»

ULCÈRES DIGESTIFS

Définition :

Un ulcère est une plaie profonde qui se forme dans la paroi interne de l'estomac ou dans la première partie de l'intestin appelée duodénum. Il résulte d'une inflammation chronique de cette paroi.

Saint Fiacre

Fiacre est un moine d'origine irlandaise. Il arrive en Gaule vers 630, et demande à Saint Faron évêque de Meaux de lui céder une terre. Faron lui indique un bois en lui permettant de prendre autant de terrain qu'il pourrait entourer d'un fossé en un jour. Fiacre prit son bâton de pèlerin, délimita un pourtour et, raconte la légende, un fossé se creusa tout seul. Une femme témoin l'accuse de sorcellerie mais Fiacre s'assied pour l'écouter et la pierre sur laquelle il est assis se creuse toute seule afin de lui procurer une meilleure assise. Le siège est conservé de nos jours dans l'église de Breuil en Brie, monastère que Saint Fiacre fonda, dans le diocèse de Meaux. Les pèlerins viennent s'y asseoir pour guérir des hémorroïdes.

Prière :

Faire trois signes de croix

« *Saint Fiacre, vous que l'on invoque si souvent pour les problèmes digestifs, je vous demande de guérir* (Prénom et Nom de la personne) *de son ulcère. Au nom du Père (faire le signe de croix), et du Fils (faire le signe de croix), et du Saint-Esprit (faire le signe de croix).*
Ainsi soit-il.»

Poursuivre la demande par trois «*Pater*» et trois «*Avé*»

URTICAIRE

Définition :

Éruption passagère semblable à des piqûres d'ortie, accompagnée de démangeaisons et d'une sensation de brûlure.

Prière 1 :

Saint Faziol, je vous invoque à présent pour venir à mon aide. Mains chaleureuses, mains généreuses, mains d'amour, mains de lumières, faites que le mal qui afflige (Prénom et Nom de la personne) *sorte de son corps guérissez-la de son urticaire. Par la lumière du Christ et dans l'Amour de Dieu.*

Au nom du Père (faire le signe de croix), *et du Fils* (faire le signe de croix), *et du Saint-Esprit* (faire le signe de croix).

Ainsi soit-il.»

VENTRE
(maux de)

Définition :

Le mal de ventre est l'un des symptômes les plus fréquents et de fait souvent pris à la légère. Ressentir une gêne ou une douleur de temps à autre peut arriver à tout le monde mais certains symptômes qui peuvent sembler banals doivent néanmoins être pris au sérieux.

Prière 1 :

«Mal, qui que tu sois, d'où que tu viennes, quelque soit ta nature et ton principe, je t'ordonne au Nom de Jésus, à qui tout obéit au ciel, sur la terre et jusqu'aux enfers, de quitter (Prénom et nom de la personne), *qui est une créature de Dieu. Je te l'ordonne, au Nom du Père* (signe de croix), *et du fils* (signe de croix), *et du Saint-Esprit* (signe de croix). *Ainsi soit-il !»*

Poursuivre la demande par trois *«Pater»* et trois *«Avé»*

Prière 2 :

Cette prière peut aussi être employée contre les problèmes de constipation. Les signes de croix sont à effectuer sur le ventre de la personne concernée :

« *De par la Sainte Mère Marie* (faire le signe de croix)
Qui daigna toujours secourir les pauvres affligés,
Coliques passion
Qui êtes dans mon ventre,
Entre ma rate et mon foie,
Et vous aussi sécheresse de mes entrailles,
Qui êtes entre mon fiel et mes reins,
Passez votre chemin !
Au Nom du Père (faire le signe de croix),
Du Fils (faire le signe de croix)
Et du Saint Esprit (faire le signe de croix),
Ainsi soit-il (faire le signe de croix).
Amen (faire le signe de croix) »

VERRUES

Définition :

Les verrues sont des excroissances cutanées bénignes. Elles ont pour origine l'infection de la peau par un virus, le papillomavirus humain dont on dénombre une cinquantaine de types différents, certains donnant plus volontiers certaines verrues. Il semble communément admis que les verrues des mains, des coudes et des genoux peuvent provenir de microtraumatismes, alors que celles des pieds seraient favorisées par le sol des piscines, des salles de sports et de leurs douches.

Prière :

Avec l'index faire une croix sur chaque verrue, puis dire :

(Prénom et Nom de la personne), *je t'enlève tes verrues, de toutes à une, et de une à rien. Au nom du Père* (faire le signe de croix), *et du Fils* (faire le signe de croix), *et du Saint-Esprit* (faire le signe de croix).

Ainsi soit-il.»

VERS

Définition :

Les vers intestinaux (oxyures) sont de minuscules vers blancs filiformes qui vivent dans le rectum. Durant la nuit, ils sortent de l'anus (les fesses) et déposent leurs œufs sur la peau avoisinante. Les vers intestinaux peuvent causer de l'inconfort, mais ne provoquent pas de maladie. Les personnes qui ont des vers intestinaux ne sont pas malpropres. Les enfants peuvent en contracter, quelle que soit la fréquence à laquelle ils prennent leur bain.

Prière :

En faisant les signes de croix sur le ventre de l'enfant, prononcez :

« *Ver* (faire le signe de croix), *ver* (faire le signe de croix), *ver* (faire le signe de croix),
Que tu ne viennes
Dans le corps de cette créature de Dieu
(Prénom et Nom de l'enfant)
Pas plus que l'âme de Satan
Ne peut être dans le Paradis.
Au nom du Père (faire le signe de croix), *et du Fils* (faire le signe de croix), *et du Saint-Esprit* (faire le signe de croix). »

YEUX
(maux d')

<u>Définition</u> :

Les troubles de la vue peuvent être la conséquence de différentes causes : défaut visuel, anomalie de l'œil, pathologie oculaire, vieillissement naturel de l'œil... En France, ces troubles visuels touchent presque 70% de la population.

<u>Prière 1</u> :

Dire trois fois chaque matin pendant trois jours après avoir soufflé sur l'œil :

«Le Bon Dieu se promenait ; il a rencontré trois belles Madeleine.
«Où allez-vous, trois belles Madeleine ?
- Mon Dieu, je vais chez vous.
- Pourquoi faire que vous allez chez moi mes trois belles Madeleines ?
- Mon Dieu, je vais chez vous pour chercher la guérison du mal d'yeux : du lin et du doux, de la mail et du bourgeon, et de tous les maux, en soufflant dans les yeux de la belle Madeleine.»

Prière 2 :

« La Saint Vierge se promenant le long des champs s'était assise sur une petite pierre blanche, pleurant le mal de ses yeux.

Jésus vint à passer, lui dit :

- Que pleurez-vous, chère mère ?

Elle lui répond :

- Mon doux Jésus ! j'ai bien de quoi pleurer : je perds la lumière du monde.

Jésus lui répond :

- Non, non, non, vous ne la perdrez pas. Il n'y aura ni bourge, ni bourgeon, ni maille, ni maillon, ni grain d'orge, ni dégorge. Le petit vent qui ventera vous guérira de tous ces maux là. »

Souffler trois fois sur les yeux.

Saint Raphaël

L'Archange Raphaël se présente ainsi dans le Livre de Tobie : "Je suis Raphaël, l'un des sept Anges qui se tiennent toujours prêts à pénétrer auprès de la Gloire du Seigneur" (Tb 12,15).

Il accompagne et guide Tobie dans son difficile périple, il guérit Sarah du Démon, il guérit le père de Tobie de la cécité et nous instruit tous de ses conseils en concluant :

"Quand j'étais avec vous, ce n'est pas à moi que vous deviez ma présence, mais à la volonté de Dieu ; c'est lui qu'il faut bénir au long des jours, lui qu'il faut chanter"(Tb12,18)

Protecteur des voyageurs, on lui demande d'intercéder pour préserver la santé du corps et de l'âme. (pour préserver de la cécité physique et spirituelle), pour rencontrer l'âme sœur, pour protège les couples dans le mariage ou pour lutter contre le mal de mer.

<u>Prière 3</u> :

Les signes de croix sont à effectuer au niveau des yeux.

« *O Grand Saint Raphaël* (faire le signe de croix) *qui a accompagné Tobie dans son voyage chez les Mèdes et qui a rendu la vue à son père, Je te demande aujourd'hui assistance* (faire le signe de croix) *Comme tu as comblé les vœux de Tobie et de ses parents. A leur exemple, je t'invoque aussi* (faire le signe de croix) *Je te prie d'être mon protecteur auprès de Dieu et de me guérir les yeux, car tu es l'Archange guérisseur qu'il a envoyé sur terre pour ceux qui, comme moi, ont une foi profonde en Dieu et toute confiance en toi* (faire le signe de croix) *Ainsi soit-il !*

Made in the USA
Las Vegas, NV
27 July 2022

52225170R00115